Schmidtke
Fünf-Minuten-Experimente für den Geographieunterricht

SCHULGEOGRAPHIE IN DER PRAXIS

Herausgegeben von:
Walter Sperling, Ulrich Theißen, Erika Wagner

Fünf-Minuten-Experimente für den Geographieunterricht

Von Kurt-Dietmar Schmidtke

Herausgeberische Betreuung: Ulrich Theißen

2. verbesserte Auflage

AULIS VERLAG DEUBNER & CO KG · KÖLN

Die Deutsche Bibliothek – CIP-Einheitsaufnahme

Schmidtke, Kurt-Dietmar:
Fünf-Minuten-Experimente für den Geographieunterricht / von
Kurt-Dietmar Schmidtke. Hrsg. Betreuung: Ulrich Theissen. –
2., verb. Aufl. – Köln : Aulis-Verl. Deubner, 1995
  (Schulgeographie in der Praxis; 11)
  ISBN 3-7614-1277-0

NE: GT

Best.-Nr. 4410
Alle Rechte bei AULIS VERLAG DEUBNER & CO KG, Köln, 1995
Druck und Bindung: Siebengebirgs-Druck, 53604 Bad Honnef
ISBN 3-7614-1277-0

Inhaltsverzeichnis

Vorwort

Wenn - was wünschenswert wäre - Experimente den Geographieunterricht stärker durchsetzen sollen, dann muß bei einem veröffentlichten Angebot geographischer Experimente berücksichtigt werden, daß die Geographie kein ausgesprochenes Experimentierfach darstellt und dem Lehrer in der Regel die apparativen und räumlichen Möglichkeiten zum Einsatz von Versuchen fehlen. Sollen dennoch Experimente durchgeführt werden, müssen die einschränkenden Verhältnisse in Rechnung gestellt werden. Nicht die apparativ aufwendigen Versuche verhelfen zum verstärkten Einsatz von Experimenten im Geographieunterricht, sondern einfache, zeitsparende und dennoch effektive Experimente mit leicht zu beschaffenden Hilfsmitteln. Ferner ist der Vorbereitungsaufwand für den experimentierwilligen Lehrer zu begrenzen.

In diesen Überlegungen liegt der Ansatz für die vorliegende Experimentsammlung. Nicht das aufwendig-spektakuläre Experiment steht im Vordergrund, sondern das einfache, aber wirkungsvolle und im Unterricht leicht zu integrierende.

Die Darstellung der Versuche unterliegt folgender Konzeption, die ihre Praktikabilität im Unterricht erhöht:

- Eine Doppelseite pro Experiment (Übersichtlichkeit)
- Kurztext mit Informationen über Inhalt, Hilfsmittel, Vorbereitung, Durchführung, Zeit, Ergebnis und mit besonderen Hinweisen
- Fotos des originalen Experimentaufbaus
- Skizze bzw. weiterführende Zeichnung.

Die Konzeption erlaubt eine rasche Information über Ziel, Material und Durchführung der Experimente, kürzt durch die Fotos umständliche Beschreibungen ab und bietet mit Skizzen mögliche Ergänzungen an, die zur Weiterführung, zum Nachvollzug der Experimente oder zur Ergebnissicherung dienen und auf einer anderen Abstraktionsebene liegen.

Einleitung

In vielen zusammenfassenden Veröffentlichungen zur Didaktik des Geographieunterrichts wird auf die Erörterung des Experiments kaum bzw. viel zu kurz eingegangen. Letztlich spiegelt dieser beklagenswerte Zustand den ungenügenden unterrichtlichen Einsatz geographischer Experimente zutreffend wider. Hieraus eine Geringschätzung des Experimentes als ein didaktisch wenig sinnvolles bzw. ineffektives Unterrichtsverfahren abzuleiten, wäre allerdings ebenso fragwürdig wie töricht und vorschnell.

In Fachzeitschriften hingegen findet das geographische Experiment einen angemessenen Niederschlag in Form von beachtenswerten Einzeldarstellungen. Der Versuch, das Experiment mit Fachartikeln unterrichtsfähig zu machen, erweist sich jedoch dann als wenig hilfreich für den Praktiker, wenn die theoretischen Erörterungen über Sinn und Nutzen des Experiments zu breit angelegt sind. Über die Vorzüge von Versuchen gibt es unter Lehrern ohnehin keine Meinungsunterschiede. Was den Unterrichtenden vor Ort wesentlich mehr interessiert, ist der praktische Vorschlag im Sinne einer Unterrichtshilfe.

Diese liefern manche Beiträge - der ausführlichen Theorie nachgestellt - in Form einer beispielhaften und ähnlich ausführlichen Darstellung oft eines einzigen Experimentes mit komplizierten Versuchsanordnungen.

Solche Artikel erscheinen kritikwürdig. Natürlich ist die Theorie wichtig. Ohne sie könnte Unterricht nicht reflektiert geschehen. Aber beleuchtet man manche Beiträge aus unterrichtspraktischer Sicht, dann ergeben sich folgende Bedenken:

- der Lehrer muß für ein einziges Experiment unverhältnismäßig viel lesen; zunächst theoretische Erörterungen, dann praktische Hinweise.
- Vom Lehrer wird in illusionärer Weise erwartet, durch die ausführliche Darlegung eines Experimentes ließe sich seine Experimentierfreudigkeit anfachen. Zugleich werde seine Fantasie angeregt und ihm würden zahlreiche weitere Experimente einfallen.
- Der zeitliche Aufwand für die Experimentdurchführung entspricht häufig nicht der schulischen Realität.
- 15 (!) Materialien für ein Experiment wirken eher abschreckend und sind nicht motivations- und einsatzfördernd.
- Viele Experimentvorschläge setzen ein bestimmtes Maß an technischem Verständnis voraus.

- Die verwendeten Geräte und Hilfsmittel entstammen oft dem physikalischen und chemischen Bereich und können dem Unkundigen als kompliziert und wenig praktikabel erscheinen.
- Bei den vorgeschlagenen Hilfsmitteln handelt es sich häufig um technisch anspruchsvolle Geräte, die daher teuer und schwierig zu beschaffen sind.
- Nicht selten erfordert die Versuchsdurchführung einen Fachraum, der für die Geographie in den meisten Schulen eine Wunschvorstellung bleiben wird.

Diese Feststellungen und Überlegungen liegen einigen neueren Veröffentlichungen zugrunde, die es sich - wie auch das vorliegende Buch - zum Ziel gesetzt haben, mit zahlreichen erprobten und einfach nachzuvollziehenden Experimenten dem unzureichenden Einsatz von Experimenten im Geographieunterricht zu begegnen.

Der verbreitete Verbalismus im Geographieunterricht ist mit Recht zu bedauern. "Selbst in einem auf Lernziele ausgerichteten Geographieunterricht ... wird fast alles theoretisch behandelt. Aber unter dem Aspekt der Erreichung von Qualifikationen, die bei der Bewältigung gegenwärtiger und zukünftiger Lebenssituationen helfen sollen, genügt es eben nicht, nur theoretisch über bestimmte Dinge Bescheid zu wissen." Man lernt nicht, "wenn man nur theoretisch weiß, wie es gemacht wird, sondern nur, wenn man es selbst tut." (*Niemz* 1978, S. 1)

Unter dem Verbalismus leidet auch das Experiment als Quantité négligeable in der Schule. Dieser Umstand beruht auf dem fundamentalen geographie-didaktischen (aber auch allgemein-didaktischen) Irrweg des vielfach übertriebenen Theoretisierens und Abstrahierens im Unterricht. Diese begrenzte Blickrichtung führt am Kind vorbei.

Fragt man die Lehrer nach ihrem Verhältnis zum Experiment, dann überrascht im allgemeinen die verbreitete Bejahung des Experimenteinsatzes - nur sind gerade an der eigenen Schule die Verhältnisse nicht besonders experimentierförderlich (zu große Klassen, keine Disziplin, fehlender Fachraum usw.), weshalb Experimente in der eigenen Klasse kaum in Frage kämen, aber grundsätzlich sind Versuche natürlich nur zu begrüßen; so hört man es häufig.

Die Begründung für den bequemeren verbalistischen Geographieunterricht liefern organisatorische, materielle und zeitliche Schwierigkeiten, denen der experimentierwillige Lehrer begegnet. Dabei entspricht der Vergleich verbalistischen und experimentellen Unterrichts der nachstehenden Gegenüberstellung.

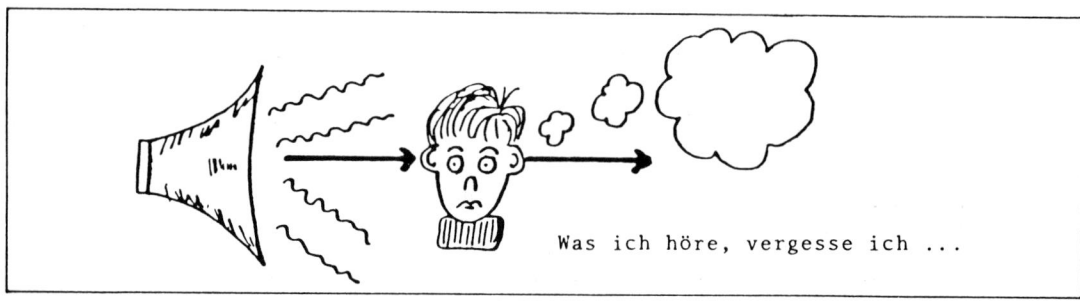

Was ich höre, vergesse ich ...

Das läßt sich natürlich auch seriöser ausdrücken. Untersuchungen zum Behaltwert von Inhalten, die auf unterschiedliche Art und Weise aufgenommen werden, haben ergeben, daß die nachhaltigste Erinnerung aus der Verbindung von Wort und Bild und noch mehr aus selbst Ausgeführtem erwächst, worunter auch das Schülerexperiment zu verstehen ist und in etwas abgeschwächter Form auch das Demonstrationsexperiment. Die nachstehenden Testergebnisse der American Audiovisual Society (s. Abb.) werden durch die Ergebnisse anderer Untersuchungen gestützt. Zwar ergeben sich hier und da Unterschiede in den Zahlenwerten, nicht jedoch in qualitativer Sicht, da Reihen- und Rangfolge prinzipiell unverändert bleiben.

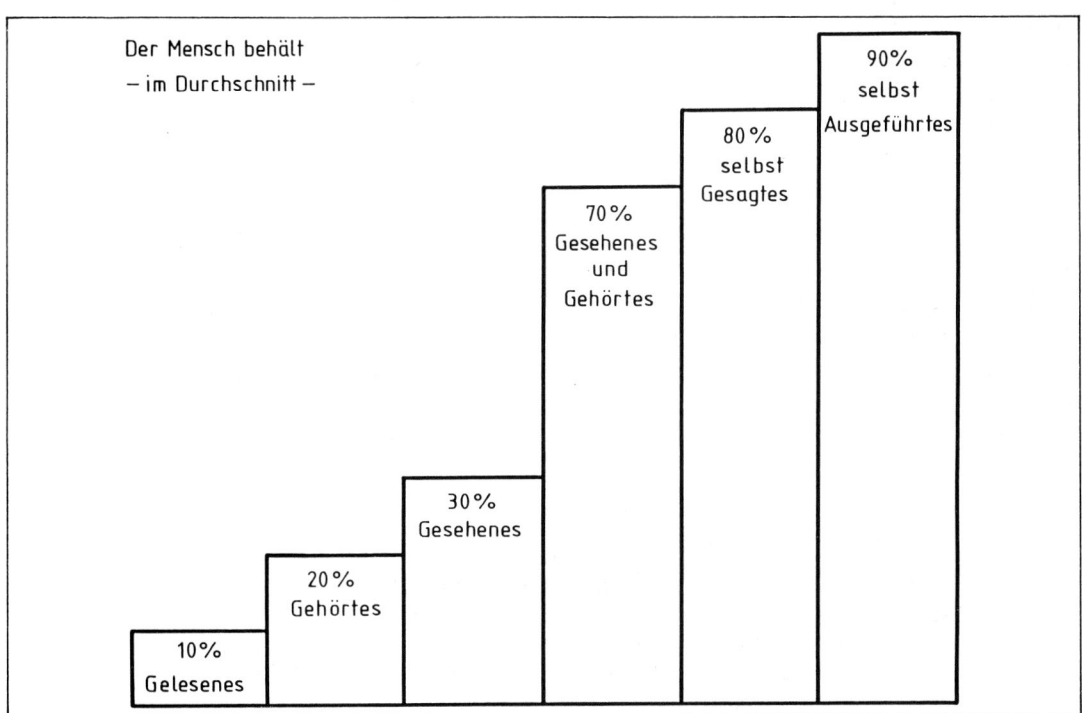

Konkret heißt das: Die Genese eines Toteissees verbal zu erklären, mag ausreichend sein. Die Worterklärung mit Hilfe einer Skizze näher zu erläutern, ist hilfreich und deshalb besser. Den Vorgang im Experiment vom Aufbau an bis zum Versuchsergebnis zu erleben, führt jedoch zu einem nicht zu übertreffenden Behaltwert. Der Behaltwert selbst durchgeführter oder miterlebter Experimente ist deshalb neben ihrer motivierenden Ausstrahlung auf das gesamte Unterrichtsgeschehen das entscheidende Argument für ihre Integration in die Geographiestunde, wo immer dies möglich ist.

Ein wichtiger Vorteil des Experiments liegt gerade für lernschwächere Schüler in dem hohen Konkretheitswert, wie er in *A. Bruckers* Pyramidendarstellung zum Begriffspaar konkret - abstrakt zum Ausdruck kommt (in: *Haubrich*, 1977, S. 219).

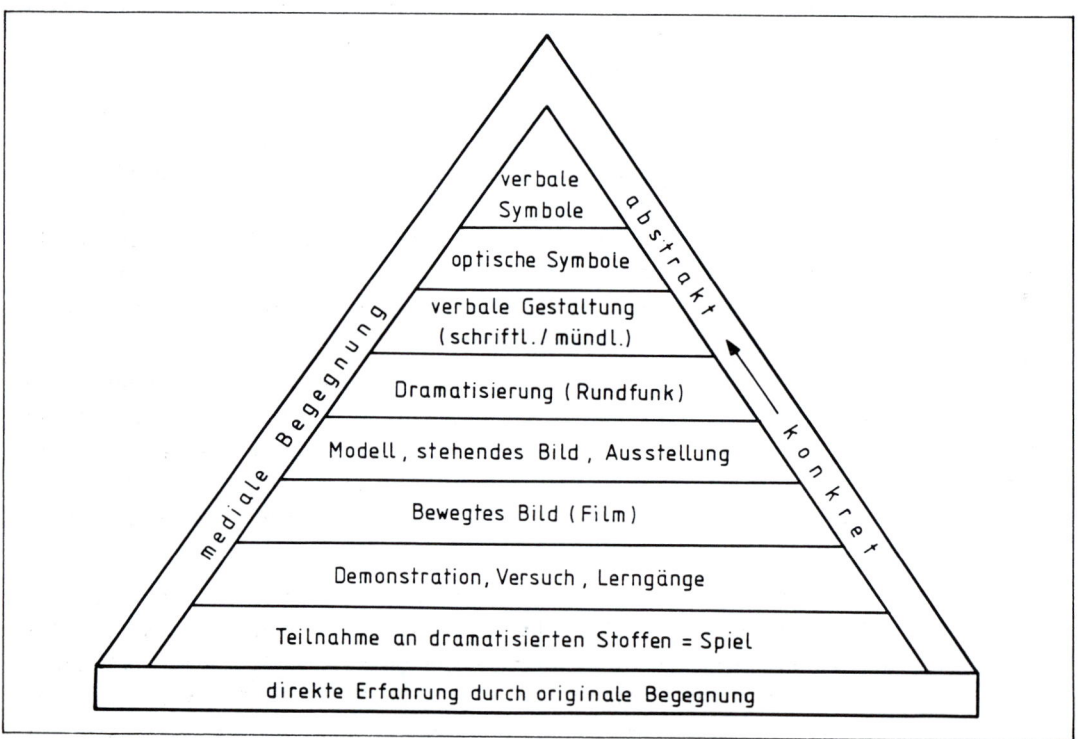

Wie konkret Experimente sind, wird deutlich an folgendem Beispiel. Angenommen, das Problem der Schichtfluten mit ihren Folgen in der Sahara ist zu erklären. Die Sonne brennt Monat für Monat erbarmungslos auf den schutzlosen Wüstenboden. Die trockenheiße Wüstenluft wirkt wie Löschpapier und entzieht dem Boden die Feuchtigkeit. Bei diesem Vorgang der Verdunstung wandert das Bodenwasser im Kapillarsystem an die Oberfläche und löst sich in unsichtbaren Wasserdampf auf. Zugleich werden die im Wasser gelösten Salze und mineralischen Bestandteile an der Erdoberfläche ausgefällt. Der Boden verkrustet. Er wird steinhart, und das

Kapillarsystem ist unterbrochen. Gemeint ist jenes haarfeine Röhrchennetz im Boden, das für den Wassertransport verantwortlich ist. Die verbreiteten Salz- oder Kalkkrusten der Wüstenböden schränken die Wasserzirkulation ein. Kann man noch darüber froh sein, daß die Verdunstung des ohnehin äußerst geringen Bodenwassers infolge zunehmender Krustenbildung verlangsamt wird, so wirkt sich die Unterbrechung der Bodenkapillaren katastrophal aus, wenn periodische bis episodische Niederschläge bekannt heftigen Ausmaßes niedergehen. Das Wasser kann vom Boden nicht aufgenommen werden, fließt oberirdisch ab, sammelt sich in Trockentälern und rauscht - alles mit sich fortreißend - talwärts.

Was hier passiert, kann man - von der Ausgangssituation her - in einem simplen Blumentopfversuch demonstrieren. Wem ist nicht schon einmal beim Begießen eines Blumentopfes das Wasser über den Rand gelaufen? Die Ursache ist immer dieselbe. Der Topf steht auf einer sonnigen Fensterbank, man hat ihn eine Zeitlang vergessen, die Topferde ist völlig ausgetrocknet, eine schwache Kruste hat sich an der Oberfläche abgesetzt. Damit ist das Kapillarsystem der Topferde zerstört. Gibt man einem solchen Blumentopf Wasser, dann steht es an der Oberfläche, und bei gewohnt schwungvollem Begießen läuft es am Topfrand über - auf Tisch oder Fensterbank. Verhindern läßt sich diese unerfreuliche Situation durch langsames Angießen einer "vergessenen" Topfpflanze. Hat das Wasser ausreichend Zeit zum Einsickern und damit zur Aufweichung der oberen Erdschicht, stellt sich die Funktionsfähigkeit des Kapillarsystems erneut ein. Weiteres Begießen kann nun wieder zügiger erfolgen.

Die Fluten in den Wadis der Wüste sind dem Schüler verborgen. Wir können nicht wie das fliegende Klassenzimmer jedes interessante geographische Objekt direkt aufsuchen. Daher muß im Unterricht nach Ersatz, nach seiner Vertretung gesucht werden. Ein Bild von den Schichtfluten ist gut, ist anschaulich, kann beeindruckend sein. Nur - die Anschauung bleibt an der Oberfläche. Das Bild bleibt deskriptiv, erklärt jedoch nicht.

Hier hilft der Versuch. Seine Anschauung wirkt tiefer, führt zum Verständnis. Der experimentelle Vorgang ist beobachtbar und nachvollziehbar. Er spricht für sich selbst, hat in elementarisierter Form einen unübertrefflichen Anschauungsgrad und gibt oft überraschende Antworten. Die unzugängliche Realität wird modellhaft nachgebildet. Die dazu erforderliche Bereitstellung und Anordnung der Versuchsgegenstände vor den Augen des Schülers ermöglicht ein nachvollziehendes, ein entdeckendes, ein forschendes Lernen. So weckt die künstliche Situation des Versuchs Spannung, schafft Problembewußtsein und Lösungserwartungen, führt zu allgemeingültigen Aussagen, erleichtert die Formulierung von Gesetzen und Regeln, verhilft zur Anwendung geographischer Kenntnisse und schärft letztlich die Beobachtungsfähigkeit der Schüler. Alles zusammengenommen bewirkt im operativen Geographieunterricht eine Ergebnissicherung, die sich in dem hohen Behaltwert ausdrückt. Anders formuliert: Der Wert der Ergebnissicherung ist eine Funktion der Motivation. Er liegt um so höher, je spannender und erlebnisreicher der Unterricht gestaltet wird. Das konkrete Experiment ist dafür in besonderer Weise geeignet.

Haubrich erklärt die Vorzüge der Experimente so:
"Aufgrund ihres dynamischen Charakters, ihrer Konzentration auf das Wesentliche und die Betonung des Typischen führen sie beim Schüler zu differenzierten und umfassenden Vorstellungen, sie erleichtern ihm das Behalten des Stoffes und ermöglichen ein dauerhaftes und anwendungsbereites Wissen" (1977. S. 180). Ergänzend sind *Salzmann/Brosowski* zu zitieren, wenn sie ausführen, Demonstrationsexperimente sind "nicht nur lernpsychologisch relevant, sondern auch unter einem innovativen methodisch-didaktischen Aspekt notwendig" (1979, S. 353). Unter Zugrundelegung aller Argumente kann der Experimenteinsatz prinzipiell überhaupt nicht in Frage gestellt werden und im Einzelfall nur dort, wo mit geringerem zeitlichen und apparativen Aufwand die Lernprozesse ähnlich optimal steuerbar sind wie mit dem Experiment. Lehrer mit didaktisch bewußter Einstellung zum Experiment werden im Interesse eines zielgerichteten, erfolgreichen Unterrichts eine geringfügige, in der Regel sehr begrenzte Mehrbelastung durch das Experiment nicht scheuen. Auf der anderen Seite werden positive Rückmeldungen der Schüler die Freude des Lehrers am Unterrichten verstärken.

Vor allem jedoch wird das Experiment geographische Fähigkeiten beim Schüler entwickeln, die dem gesamten Geographieunterricht förderlich sein werden (s. nachstehende Abb.).
Aus der Summe der Fähigkeiten ergibt sich die didaktische Begründung für das Experimentieren im Unterricht.

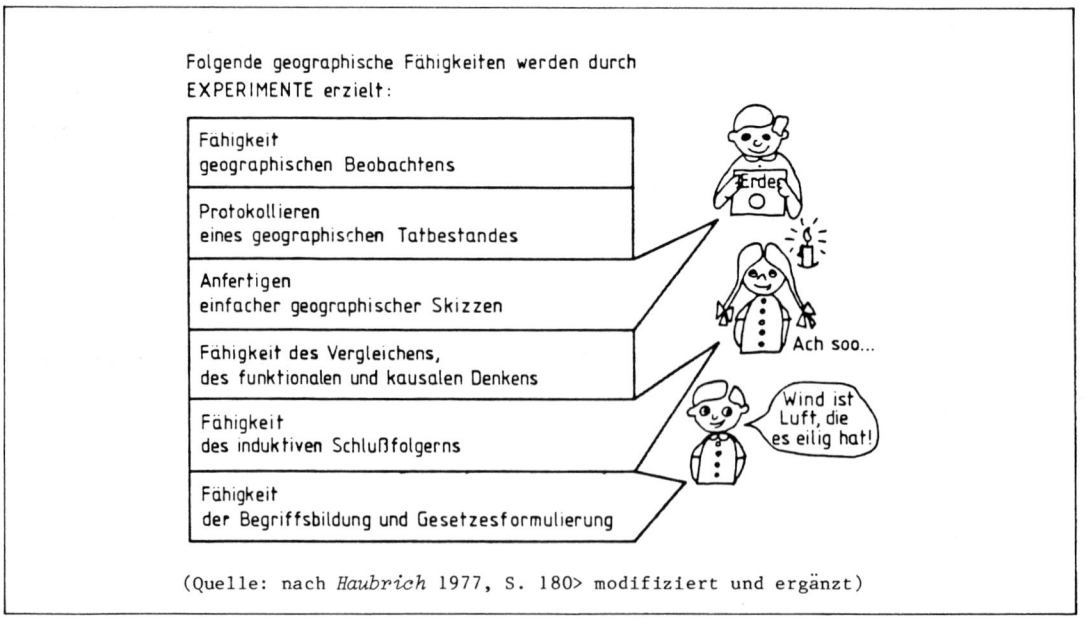

Folgende geographische Fähigkeiten werden durch EXPERIMENTE erzielt:

Fähigkeit
geographischen Beobachtens

Protokollieren
eines geographischen Tatbestandes

Anfertigen
einfacher geographischer Skizzen

Fähigkeit des Vergleichens,
des funktionalen und kausalen Denkens

Fähigkeit
des induktiven Schlußfolgerns

Fähigkeit
der Begriffsbildung und Gesetzesformulierung

Ach soo...

Wind ist Luft, die es eilig hat!

(Quelle: nach *Haubrich* 1977, S. 180> modifiziert und ergänzt)

Zum didaktischen Ort von Experimenten

Gleichsam unter Wert verkauft würde das Experiment, wenn es lediglich zur Veranschaulichung bereits erarbeiteter Sachverhalte diente. Konsequent weitergedacht, hieße dies, daß zunächst verbal versucht wird, mühsam zu erarbeiten, was mit dem Experiment überzeugend im Sinne des Arbeitsunterrichts demonstriert werden kann. Tatsächlich entfaltet das Experiment seinen besonderen Stellenwert erst durch organische arbeitsunterrichtliche Einbettung in den Kontext des Unterrichts. "Der Einsatz des Experiments innerhalb der erarbeiteten Methode bietet den Vorteil, daß durch die Kombination mit dem Unterrichtsgespräch vornehmlich die intellektuelle Selbsttätigkeit der Schüler in Form der Beobachtungstätigkeit und Denkarbeit weitgehend entwickelt werden kann" (*Lehmann* 1964, S. 43).

Die Problemlösung eines erarbeiteten bzw. erkannten Problems ist die eigentliche Stärke des Experimentes und zugleich die Beschreibung seines didaktischen Ortes.

Ausführlich hat *H. Geibert* auf der Grundlage von *Fries/Rosenberger* die Phasen des forschend-experimentell konzipierten Unterrichts verbal und graphisch nachvollzogen (1980, S. 193 - 194).

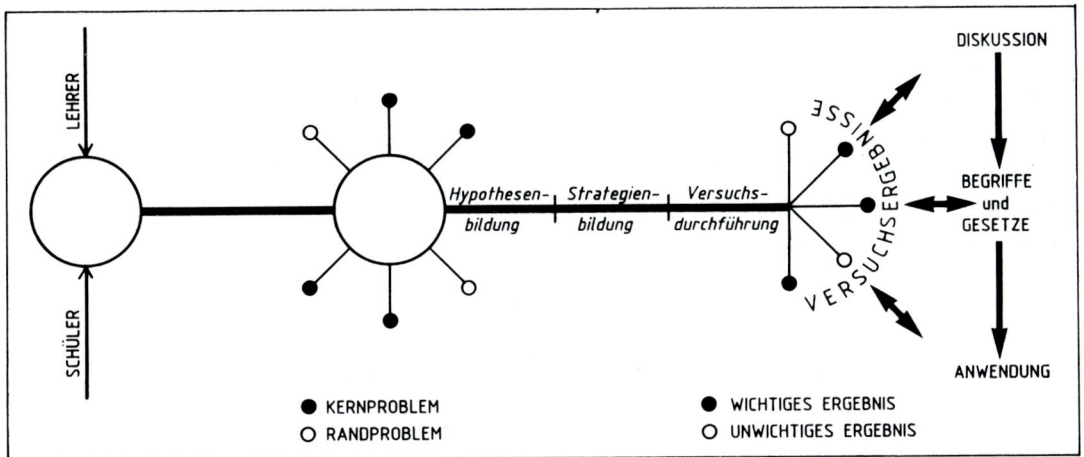

Das Experiment im Erdkundeunterricht

Nach *Geibert* ist der experimentelle Unterricht durch neun Phasen gekennzeichnet:

1. Problemfindung/Problemstellung
2. Problemerkenntnis
3. Hypothesenbildung
4. Strategiebildung
5. Versuchsdurchführung
6. Versuchsergebnis
7. Diskussion der Ergebnisse

8. Begriffsbildung und Aufstellung von Gesetzen
9. Anwendung und Übung

Vereinfacht ausgedrückt, läßt sich die Einbindung von Experimenten in den Unterricht durch vier Schritte darstellen:

1. Versuchsziel: ein Problem klären
2. Den Weg besprechen (Wie machen wir das?)
3. Den Versuch durchführen
4. Das Ergebnis sichern (Gespräch, Text, Tafelbild, Skizze)

In diesen Phasen ist der didaktische Ort von Experimenten festgelegt. *Lehmann* begründet ihn so: "Man wird das geographische Experiment auch deswegen häufig bei der Erarbeitung bevorzugen, weil es aufgrund seiner Wesensmerkmale wie kaum ein anderes Verfahren dazu prädestiniert ist, durch die Anwendung des induktiven Schlußfolgerns die Schüler im Ableiten von Begriffen und Gesetzen zu üben" (1964, S. 24).

Zur Methodik von Experimenten

In der Regel wird jedes Experiment planvoll in den Unterricht eingebaut. Der didaktische Ort eines Versuches ist nicht willkürlich. Gleiches gilt für die methodische Gestaltung des experimentellen Unterrichts:

- Jedes Experiment muß vor dem Unterricht ausprobiert werden. Auch einfach erscheinende Experimente besitzen Tücken.
- Mindestens bei größerem apparativem Aufwand ist die Versuchsanordnung vor der Unterrichtsstunde aufzubauen.
- Die Beobachtungsmöglichkeit der Schüler muß durch eine entsprechende Sitzordnung gewährleistet sein.
- Das Versuchsziel muß durch vorbereitenden Unterricht bekanntgemacht werden.
- Arbeits- und Beobachtungsaufträge fördern den Lernprozeß.
- Die Schlußfolgerungen sollten im allgemeinen niedergeschrieben und/oder das Experiment zeichnerisch nachvollzogen werden.

Sorgfältige Führungstätigkeit des Lehrers im experimentellen Unterricht ist die entscheidende Voraussetzung für eine disziplinierte Arbeitsweise der Schüler. Je gewissenhafter die methodische Planung ist, desto leichter wird der Erkenntnisprozeß fallen, desto weniger unliebsame Überraschungen oder Störungen werden den Unterrichtsablauf beeinträchtigen.

Gelegentlich wird empfohlen, daß die meisten Experimente innerhalb einer Doppelstunde angesetzt oder durchgeführt werden. Hier handelt es sich um Wunschdenken. Gemessen an der Elle der Unterrichtsrealität, steht im allgemeinen nur eine Unterrichtsstunde zur Verfügung. Die 45-Minuten-Stunde deckt daher den zeitlichen Rahmen ab, in den die Mehrzahl der Experimente mit Vorbereitung, Durchführung und Auswertung eingepaßt werden muß.

18

Schlußfolgerungen

Wenn das Anliegen heißt, den Experimenten mehr Einsatzmöglichkeit im Geographieunterricht zu verschaffen, dann müssen für Experimentart und Versuchsbeschreibung konkrete Folgerungen gezogen werden. Ferner sollte in Rechnung gestellt werden, daß Geographielehrer keine versuchserprobten Physiker oder Chemiker sind. Auf dieser Grundlage ergeben sich folgende Anforderungen an das geographische Experiment:

1. Die erforderlichen Hilfsmittel sollen einfach und leicht zu beschaffen sein (möglichst Gegenstände des täglichen Gebrauchs).
2. Die erforderlichen Hilfsmittel sollen zahlenmäßig begrenzt sein. Grundsätzlich gilt: Je geringer der Materialbedarf ist, desto leichter fällt die Realisierung experimentellen Unterrichts.
3. Aufbau und Durchführung von Experimenten sollen möglichst kein spezielles experimentelles Geschick erfordern, sondern unkomplizierte Handhabung gewährleisten.
4. Der Zeitaufwand sollte eine sinnvolle Einbettung des Experimentes in eine 45-Minuten-Unterrichtseinheit mühelos gestatten.
5. Die Versuchsbeschreibungen müssen kurz, prägnant und einfach nachzuvollziehen sein.

Wenn der Lehrer aus Gründen der Unterrichtsökonomie fragt, ob der Aufwand die Mühe lohnt, ist für das Experiment in der Regel schon das "Aus" gekommen. Das Schlüsselwort des Anforderungskataloges heißt daher "Einfachheit". Ihm ordnen sich die nachfolgenden Experimentbeispiele unter. Sie sind fast ausnahmslos ohne größeren apparativen Aufwand durchzuführen. Ganz bewußt wird auf die Darstellung komplizierter Versuche verzichtet. Es handelt sich also in der Regel nicht um komplexe Experimente, sondern um Versuche, die zeitökonomisch, materialsparsam und problemlos in den Unterricht zu integrieren sind, die normales methodisch-organisatorisches Geschick des Lehrers erfordern und einen reibungslosen Ablauf ohne nennenswerte Mehrbelastung des Lehrers ermöglichen.

Trotz der bescheidenen Hilfsmittelansprüche der meisten nachfolgenden Versuche sollte jedes Experiment außerhalb des Unterrichts ausprobiert worden sein, um die Sicherheit im Umgang mit ungewohnten Verfahren und Hilfsmitteln zu garantieren. Ein mißlungener Versuch kann zu empfindlichen Störungen des Unterrichts führen. Daher ist die Beherrschung der versuchs- und arbeitstechnischen Grundlagen unerläßliche Voraussetzung für den effizienten Unterricht mit Experimenten.

"Es ist deshalb zu fordern, daß das Experiment in den gesamten Geographieunter-richt einbezogen wird, damit es entsprechend seiner spezifischen Vorzüge wirksamer für die kontinuierliche Entwicklung der Beobachtungs- und Denkfähigkeit der Schüler sowie für die kontinuierliche Erarbeitung geographischer Begriffe und Gesetzmäßigkeiten genutzt werden kann" (*Lehmann* 1964, S. 29).
Gerade weil diese Aufgabe unterstützungswürdig ist, sollte versucht werden, die

Experimentierfreudigkeit im Unterricht durch solche Experimente zu erhöhen, die mit geringsten Mitteln einfach durchzuführen sind.

Die Darstellung aufwendiger, ausgewählter Einzelfälle mit sogenanntem Modellcharakter bleibt bei allen nachweisbaren Vorzügen zu oft ein Sonderfall, der allenfalls gelegentlich von einzelnen Lehrern (z.B. in Demonstrationsstunden) eingesetzt wird.

Die Befürwortung des Einsatzes guter, aber in großem Maße hilfsmittelbedürftiger Experimente stößt dort auf Grenzen, wo

- Materialumfang
- Materialart
- Vorbereitungszeit und
- Durchführungsaufwand

ihre Realisierung fraglich erscheinen lassen.

Wer sich im Kollegenkreis umsieht, weiß von der peripheren Rolle der Experimente im Kanon der angewandten Unterrichtsverfahren, der Methoden und Hilfsmittel. Es darf die Hoffnung ausgedrückt werden, daß mit der vorgelegten Experimentsammlung zahlreicher, überwiegend einfacher und zeitsparender Experimente mehr Licht in das Schattendasein geographischer Versuche gebracht wird. Wenn geographische Experimente

- Naturgeheimnisse enthüllen
- Beobachtungsfähigkeit und -genauigkeit steigern
- für klare Vorstellungen sorgen
- das logische Denken schulen
- hohen Behaltwert besitzen

warum dann nicht sofort mit Experimenten im Geographieunterricht beginnen?

Kompaß herstellen

Inhalt:	Mit Hilfe einer magnetisierten Nähnadel einen Kompaß herstellen.
Hilfsmittel:	Wasserbecken, Wasser, Korkscheibe, Nähnadel, Magnet, Kompaß (zur Kontrolle)
Vorbereitung:	keine
Durchführung:	Korken auf Wasseroberfläche legen, Nähnadel magnetisieren (einige Male mit Magneten über Nähnadel streichen), Nadel auf Korkscheibe legen, Korkscheibe mit Nähnadel dreht sich in Nordrichtung.
Zeitaufwand:	ca. 3 - 5 Min.
Versuchsergebnis:	Kompaßherstellung mit einfachsten Mitteln
Bes. Hinweise:	keine

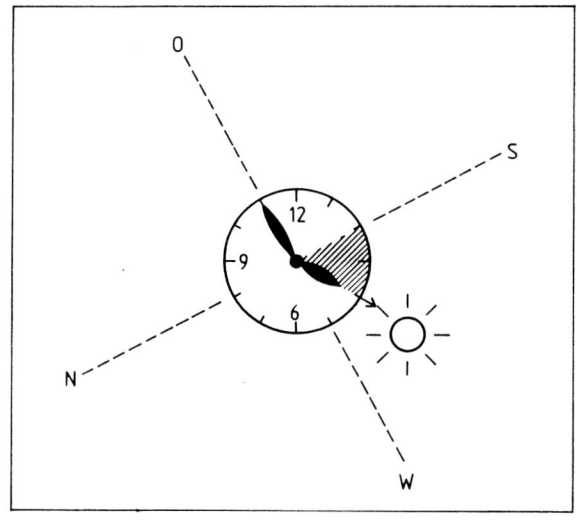

Bestimmung der Himmelsrichtung mit der Uhr: Stundenzeiger auf Sonne richten. In der Mitte zwischen Stundenzeiger und 12 Uhr liegt Süden.

Achtung: In der Sommerzeit werden die Uhren um eine Stunde vorgestellt. Zur Bestimmung der Himmelsrichtung gilt dann: Süden liegt in der Mitte zwischen dem Stundenzeiger und 13 Uhr.

Im Osten geht die Sonne auf,
nach Süden nimmt sie ihren Lauf,
im Westen wird sie untergehn,
im Norden ist sie nie zu sehn.

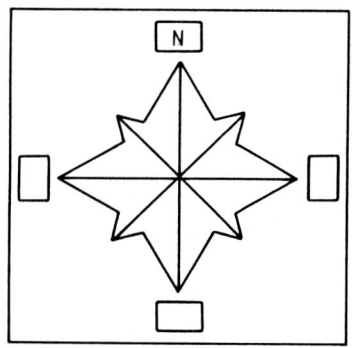
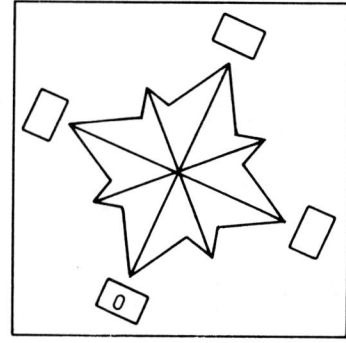
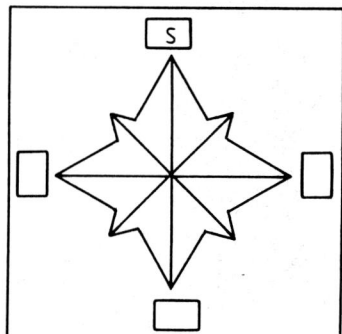

Driftende Kontinente

Inhalt:	Die Kontinentalverschiebung am Beispiel von Afrika und Südamerika
Hilfsmittel:	Glasbecken, Aquariumpumpe mit Luftschlauch, schwerer Gegenstand (Stein o.ä.), Afrika und Südamerika aus Styropor, Wasser
Vorbereitung:	Glasbecken mit Wasser füllen, Luftschlauch der Pumpe auf den mittleren Beckengrund legen (mit Stein fixieren).
Durchführung:	Die aneinandergefügten Erdteile als Teil des Urkontinents Pangaea über den Schlauch legen, Pumpe einschalten, Kontinentalverschiebung beobachten.
Zeitaufwand:	ca. 10 Min.
Versuchsergebnis:	Die ehemals miteinander verschmolzenen Kontinente Afrika und Südamerika sind durch Konvektionsströme auseinandergedriftet, wie sie im Experiment durch die aufsteigenden Luftblasen simuliert werden.
Bes. Hinweise:	Da die Styropormodelle sich gegenseitig anziehen (festhalten), muß eventuell bei Versuchsbeginn eine vorsichtige Trennung per Hand vorgenommen werden. Für das weitere Auseinanderdriften reicht die Kraft des Blasenstromes aus.

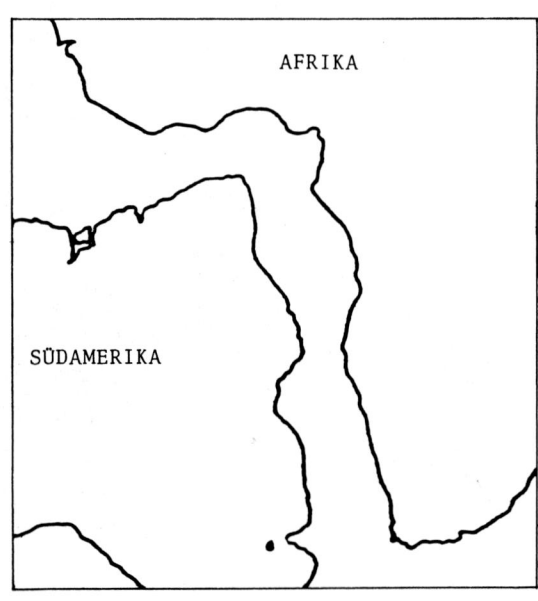

AFRIKA

SÜDAMERIKA

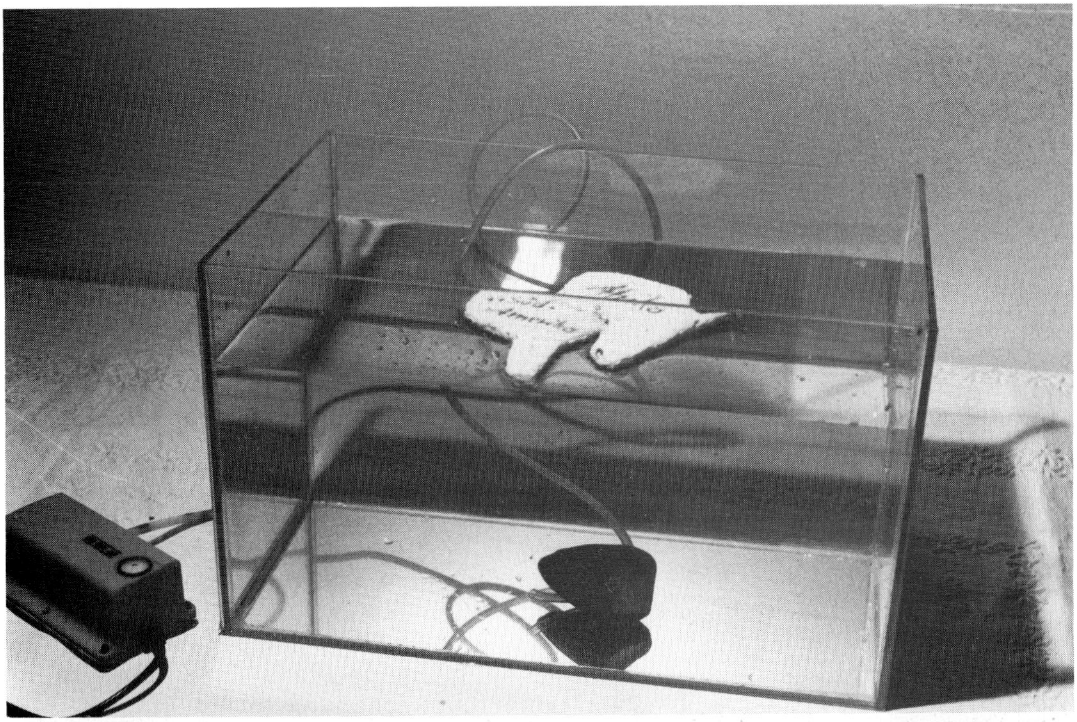

Kontinentalverschiebung

Inhalt: Nach der Theorie von *Alfred Wegener* existierten zwei Urkontinente, die sich durch plattentektonische Vorgänge zu den heutigen, weiterhin auseinanderdriftenden Kontinenten entwickelt haben.

Hilfsmittel: Papier, Schere

Vorbereitung: Idealisierte Kontinente nach Skizze (s. unten) aufzeichnen und als Klassensatz kopieren.

Durchführung: Die Schüler schneiden die Kontinente aus und setzen sie nach folgenden Angaben zusammen:
Auf der Nordhalbkugel schieben wir Grönland an Norwegen heran. Dann paßt Nordamerika an die Küste Europas. Auf der Südhalbkugel wird Indien mit Ceylon zwischen die afrikanische Somali-Küste und Australien geschoben. Südamerika rücken wir an die Antarktis heran.

Zeitaufwand: ca. 20 Min.

Versuchsergebnis: Die durch die Puzzlearbeit gewonnene Anschauung führt zu einem besseren Verstehen der Kontinentaldrift als jeder Text oder Vortrag. Die Ergebnis-Kontrolle der Einzel- oder Partnerarbeit erfolgt mit Hilfe einer Tafel- oder OHP-Skizze (Zeichnung der Urkontinente).

Bes. Hinweise: siehe auch Experiment zur Plattentektonik

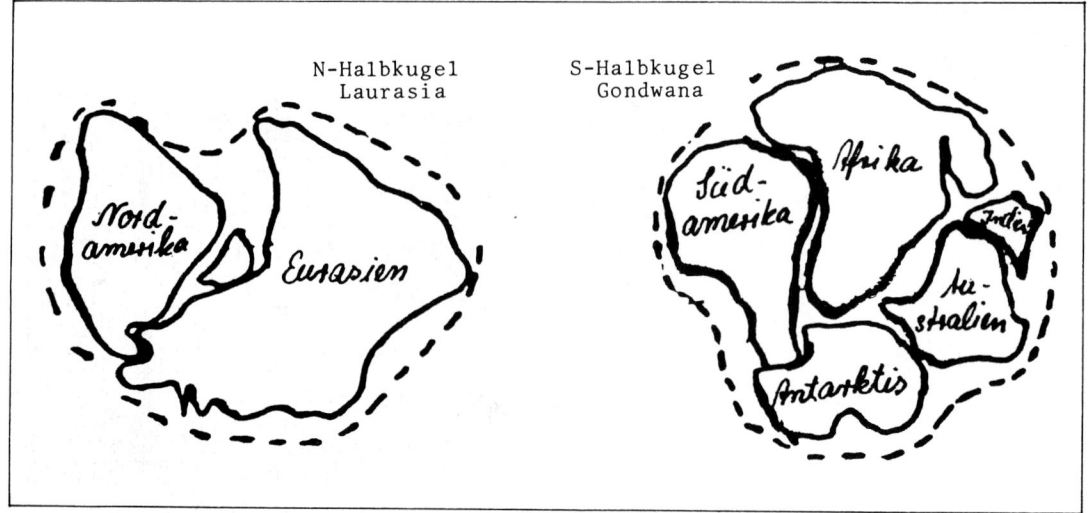

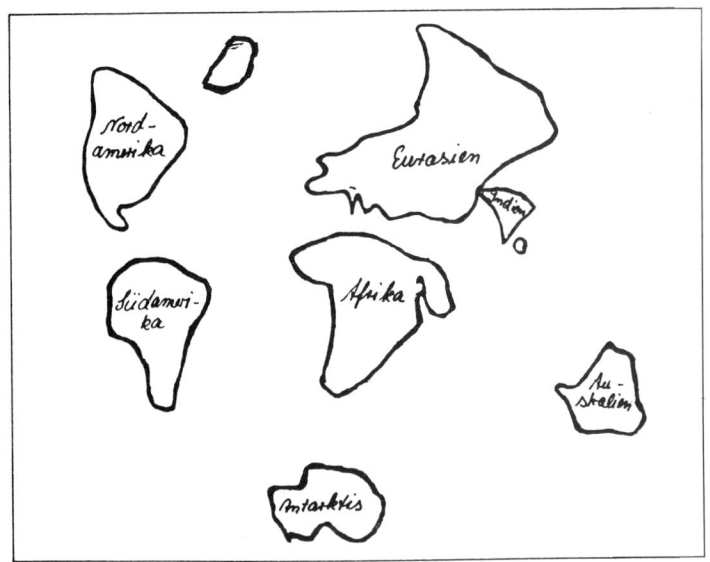

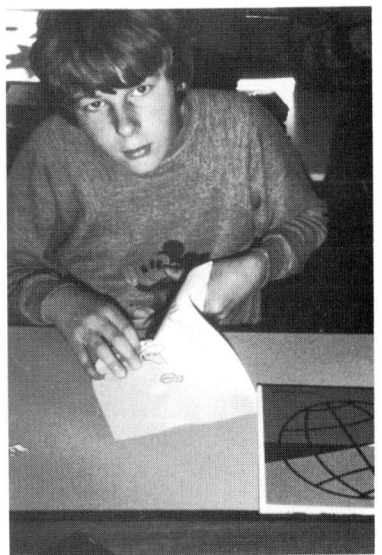

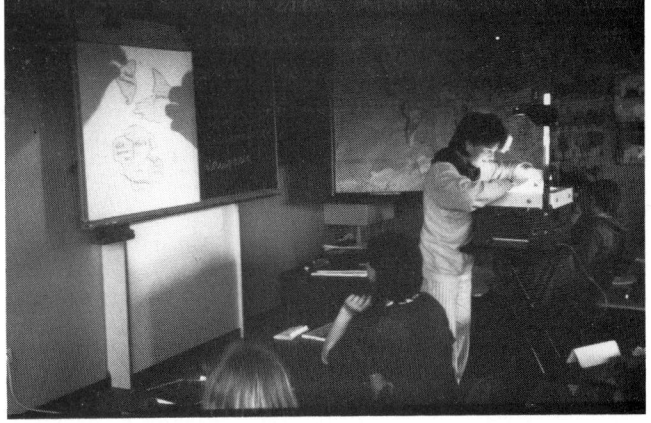

Gebirgsfaltung

Inhalt: Vereinfachte Darstellung der Gebirgsaufwölbung durch Seiten-
druck

Hilfsmittel: DIN A 4 - Bogen

Vorbereitung: keine

Durchführung: A 4 Bogen seitlich zusammenschieben, bis sich die Aufwölbung
ergibt.

Zeitaufwand: 1 - 2 Min.

Versuchsergebnis: Die Emporpressung der in Geosynklinalen abgelagerten Gesteinspakete führt zur Gebirgsbidung.

Bes. Hinweise: keine

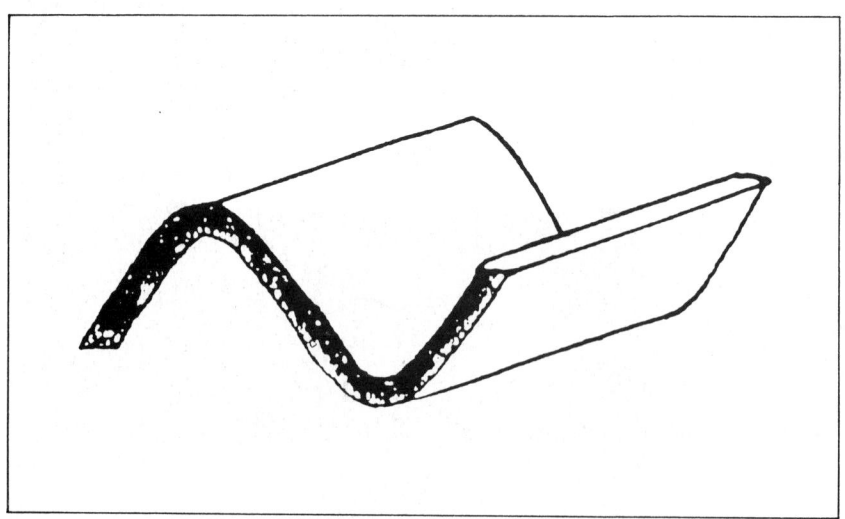

Antiklinale   Synklinale

(Sattel)   (Mulde)

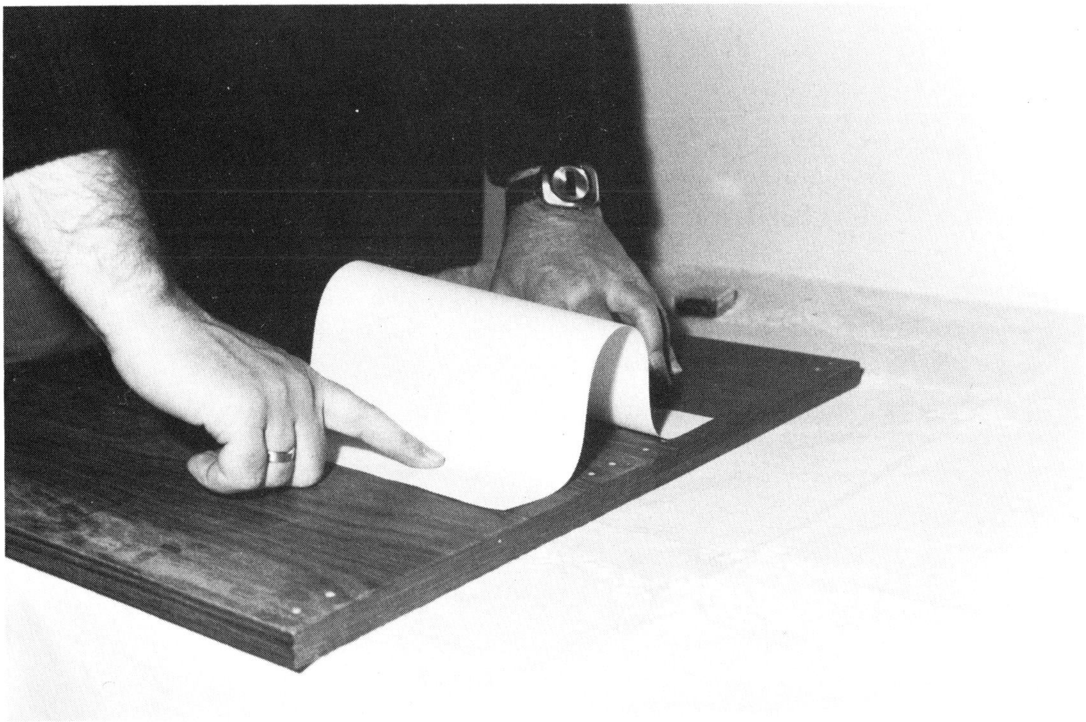

Faltenmodell aus Filzlagen

Grabenbruch

Inhalt:	Die Einsenkung eines Erdkrustenstreifens zwischen stehenge- bliebenen Schollen
Hilfsmittel:	Sandkasten, Sand, 2 Stützbretter, stabile Folie oder Deck- brett
Vorbereitung:	Länglichen Sandberg formen, in der Mitte zwei Stützbretter und ein Deckbrett überformen, Zugang zum Stützgestell von hinten offen halten.
Durchführung:	Beide Stützbretter gleichzeitig durch vorsichtiges Hinauszie- hen entfernen, Deckschicht bricht nach, Grabenbruch ist ent- standen.
Zeitaufwand:	ca. 15 Min.
Versuchsergebnis:	Ein Grabenbruch entsteht als Einsenkung im Relief der Erd- oberfläche zwischen stehengebliebenen (oder gehobenen) Schol- len (z.B. Oberrheingraben).
Bes. Hinweise:	Spielzeughäuser (z.B. Monopoly) können zusätzlich als drama- tisierendes Element verwendet werden.

Modell von hinten

Entfernen der
Stützbretter

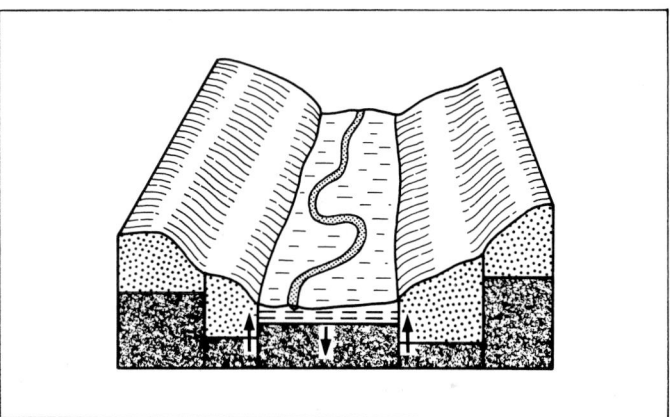

Grabenbruch

Horst-/Grabenmodell

Inhalt:	Die Entstehung von Horsten und Grabenbrüchen wird am Holzmodell demonstriert.
Hilfsmittel:	Modell wie abgebildet (evtl. selbst herstellen)
Vorbereitung:	keine
Durchführung:	Durch Absenken oder Hochdrücken der Holzelemente den jeweiligen geologischen Vorgang demonstrieren.
Zeitaufwand:	ca. 2 - 3 Min.
Versuchsergebnis:	Die endogenen Kräfte und ihre Wirkung auf die bruchartige Versetzung der Gesteinspakete werden erkannt.
Bes. Hinweise:	keine

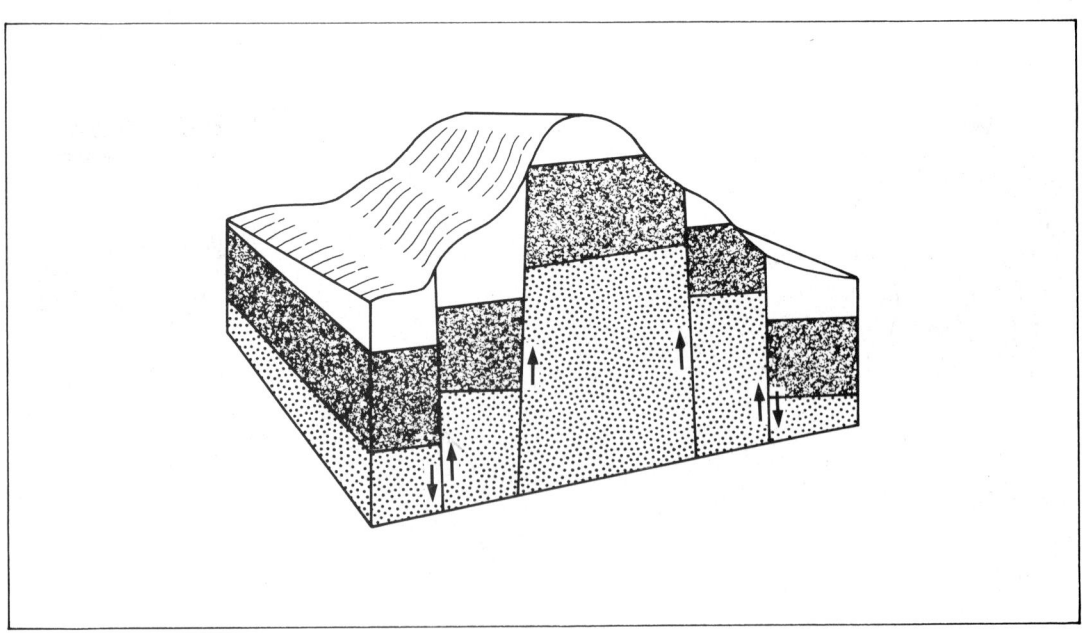

Horst

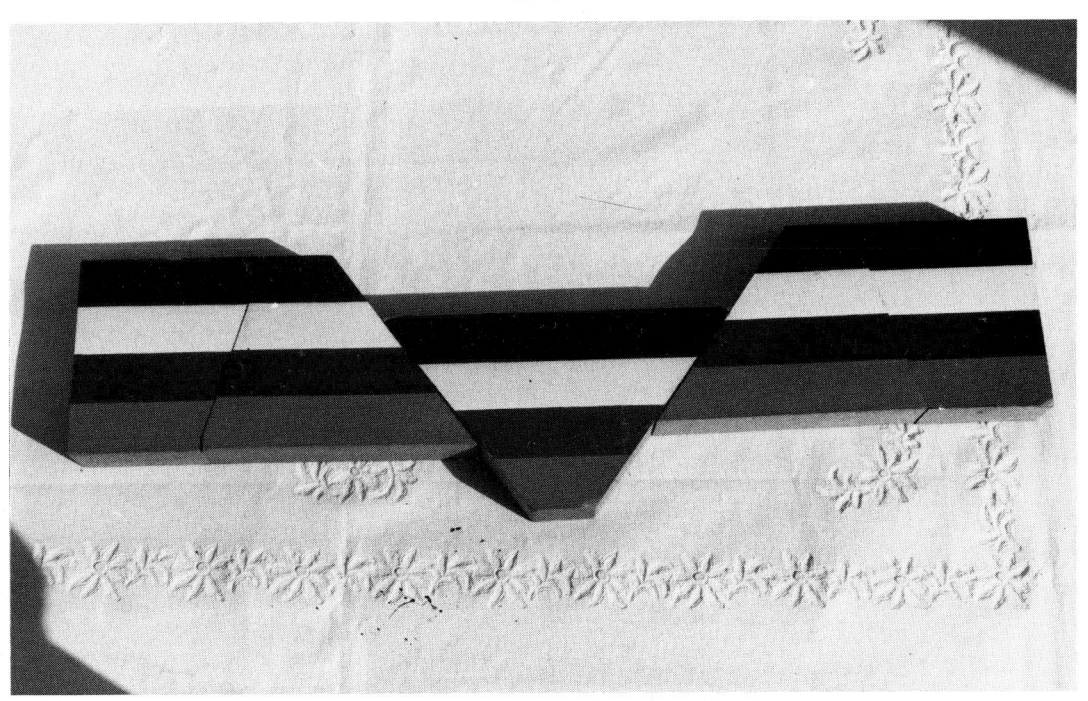

Graben

Der schwimmende Stein

Inhalt:	Bimsstein ist ein aufgeblähtes, mit Gas durchsetztes vulkanisches Auswurfgestein, dessen spezifisches Gewicht leichter ist als Wasser.
Hilfsmittel:	Schüssel oder Plastikbecken, Bimsstein, Wasser
Vorbereitung:	Behälter mit Wasser füllen.
Durchführung:	Stein hineinwerfen (vorher fragen, was geschehen wird). Der Bimsstein schwimmt.
Zeitaufwand:	ca. 2 Min.
Versuchsergebnis:	Der schaumig - poröse Bimsstein ist leichter als Wasser; Begründung s.o.
Bes. Hinweise:	Vor dem Versuch sollte die Klopfprobe auf Holz vorgenommen werden, aus deren Geräusch die Steinqualität hervorgeht.- Der im Bild linke Bimsstein ist als Reinigungsstein für Haushaltszwecke bearbeitet worden und im Handel erhältlich.

Vulkanbombe

Bimsstein

Der brennende Stein

Inhalt: Bernstein ist - wie jedermann weiß - kein Stein, sondern das
                     Harz von Nadelwäldern der Kreide- und der Tertiärzeit. Daß
                     dieser "Stein" brennt, ergibt sich zwar aus seiner Genese,
                     überrascht jedoch nicht nur Kinder und Schüler.

Hilfsmittel: Pinzette (Zange), Bernstein, Streichholz

Vorbereitung: keine

Durchführung: Bernstein mit Pinzette fassen und anzünden.

Zeitaufwand: 2 Min.

Versuchsergebnis: Der "Stein" brennt ausgezeichnet; denn er ist hart gewordenes
                     Harz und besteht zu 78 % aus Kohlenstoff.

Bes. Hinweise: Der Name Bernstein kommt von dem mittelniederdeutschen Wort
                     "bernen" = brennen.

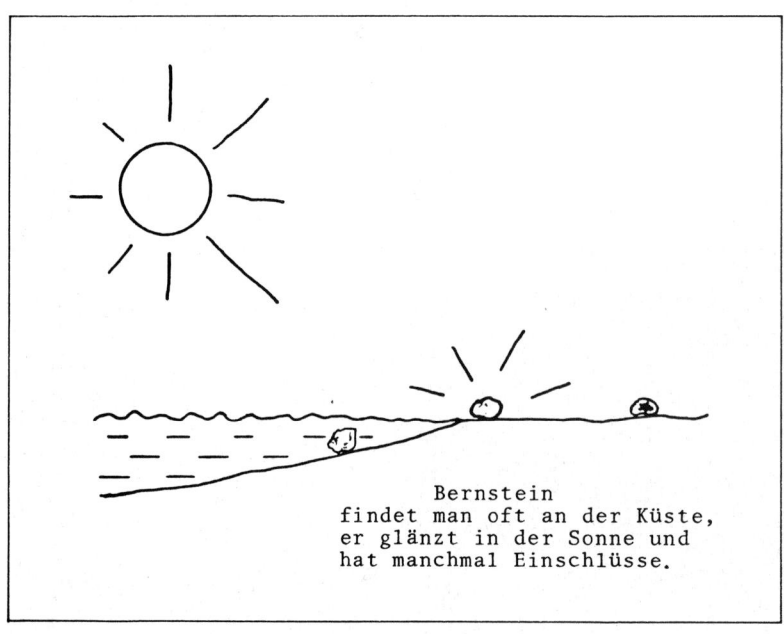

Bernstein
findet man oft an der Küste,
er glänzt in der Sonne und
hat manchmal Einschlüsse.

Gletschereis schmilzt durch Druck

Inhalt: Ein Draht wandert unter Einwirkung von Gewichten durch einen Eisblock.

Hilfsmittel: Geeignetes Gestell oder Stativ, Draht, 2 Gewichte (z.B. Steine), Eisblock, Uhr

Vorbereitung: Wasser zu Eisblock gefrieren.

Durchführung: Eisblock auf Stativ legen (Schmalkante nach oben), Gewichte an Draht binden, Draht über Eisblock legen, Uhr einstellen.

Zeitaufwand: Für Aufbau ca. 5 - 10 Min., Ergebnis im Laufe von 1 - 3 Stunden

Versuchsergebnis: Unter dem beschwerten Draht schmilzt das Eis. Der Draht wandert durch das Eis. Das Schmelzwasser oberhalb des Drahtes gefriert wieder. Durch Druck wandern Gesteine durch Gletscher. Durch Druck schmilzt der Gletscher an seinem Grunde.

Bes. Hinweise: Der Versuch sollte in der kalten Jahreszeit durchgeführt werden, da sonst das Eis zu schnell schmilzt. Je schwerer die Gewichte sind, um so wirkungsvoller ist der Versuch.

Durch seinen Eigendruck dringt ein Felsbrocken immer tiefer in den Gletscher ein.

Toteissee

Inhalt:	Toteisseen sind in den ehemaligen Glaziallandschaften Norddeutschlands und des Alpenvorlandes häufig anzutreffen. Nach dem Rückzug (genauer: dem Abschmelzen) des Inlandeises sind Eisreste in Tälern liegengeblieben. Vom Schmelzwasser transportierte Sande legten sich als Deck- bzw. Isolierschicht über die Toteisreste. Dem Toteis kam damit formerhaltende Wirkung zu, da es die Auffüllung der Täler mit fluvioglazialen Sedimenten verhinderte. Nach Jahrhunderten, z.T. nach Jahrtausenden wurde infolge allgemeiner Klimaerwärmung die konservierte Hohlform durch Tieftauen des Eises freigelegt und füllte sich mit Grund- oder Flußwasser. Auf diese Weise entstandene Seen bezeichnet man als Toteisseen.
Hilfsmittel:	Geräumige Schüssel, Schaumstoffmatte (2 - 3 cm), Sand oder Kies, Eisblock ca. 3 - 5 cm hoch, Infrarotlampe oder andere Wärmequelle, Stativ
Vorbereitung:	Eis herstellen.
Durchführung:	Schaumstoffmatte auf den Boden der Schüssel legen. Sie ist wichtig zum Aufsaugen des Schmelzwassers und damit für die Ausbildung der gewünschten Hohlform. Eisblock auf Schaumstoff legen und Schüssel mit Sand auffüllen. Wärmequelle über dem bedeckten Eis anbringen (Stativ).
Zeitaufwand:	5 - 10 Min. für Durchführung; bis zum Ergebnis unterschiedlich, je nach Intensität der Wärmequelle (ca. 1 Stunde).
Versuchsergebnis:	Das Eis unter dem Sand schmilzt infolge der Wärmeeinwirkung. Das Wasser "versickert" im Schaumstoff. Die Deckschicht aus Sand bricht ein und legt die vom Eis konservierte Hohlform frei. In der Natur wurden diese Hohlformen später mit Wasser gefüllt.
Bes. Hinweise:	Das Versickern des Wassers im Schaumstoff verhindert zwar die Seenbildung im Experiment, verhilft aber andererseits zu einer klar konturierten Hohlform und macht damit die Wirkung des Toteissees deutlicher. Eine Versuchsbeschleunigung ist möglich, wenn die präparierte Schüssel auf eine Herdplatte oder in eine Heizröhre gestellt wird (Einbruch der Deckschicht nach Schmelzen des Eises in ca. 15 - 20 Min.).

2 Eisblöcke

Überformung mit Sand

Toteislöcher nach Abschmelzen

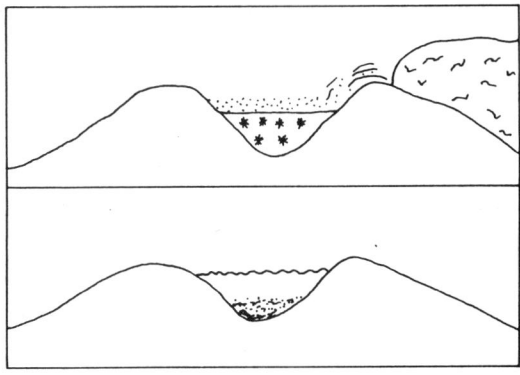

Entstehung eines Toteissees:

Das Schmelzwasser des Gletschers lagert iso-
lierende Deckschichten aus Sand / Kies über
dem Eisrest ab.
Das Toteis ist getaut. Die Deckschicht liegt
am Seegrund.

Temperaturverwitterung

Inhalt:	Der Versuch weist nach, daß Spannungen im Gestein durch raschen Temperaturwechsel ausgelöst werden. Hörbares Knacken im Gestein wird als Vorstufe der mechanischen Gesteinszerlegung (Verwitterung) verstanden. Die intensive Gesteinsaufbereitung in den Wüsten mit starkem täglichen Temperaturwechsel zwischen Tag und Nacht (bis zu 80°C an der Gesteinsoberfläche) wird nachgewiesen.
Hilfsmittel:	tiefgefrorener Stein (im Bild Flint), Gefäß mit heißem Wasser, Auffangwanne
Vorbereitung:	Stein über Nacht ins Gefrierfach legen, eventuell in Styroporpackung oder Kühltasche transportieren, kochendes Wasser herstellen.
Durchführung:	Stein in Wanne legen, heißes Wasser darübergießen.
Zeitaufwand:	unter 5 Min.
Versuchsergebnis:	Gestein dehnt sich unter Hitzeeinwirkung geringfügig aus und zieht sich unter Kälteeinfluß zusammen. Bei raschem Temperaturwechsel (Wüste) führt die mechanische Beanspruchung des Gesteins zu einer Verwitterung / Auflösung.
Bes. Hinweise:	Die Klasse muß zu absoluter Stille verpflichtet werden, da sonst das Gesteinsknacken nicht von allen Schülern gehört werden kann.

Kernsprung

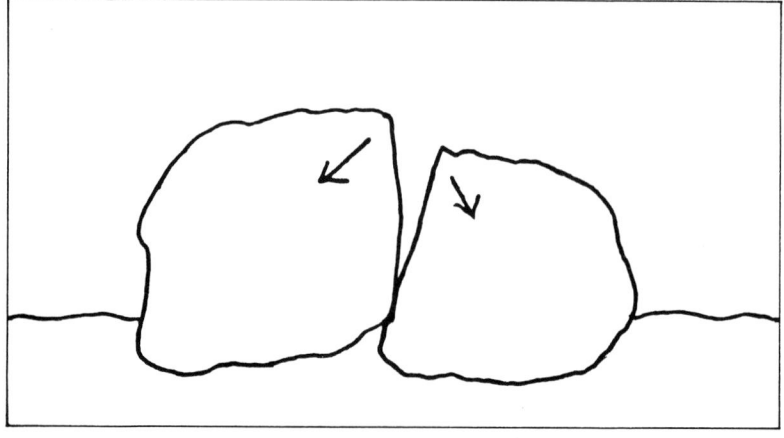

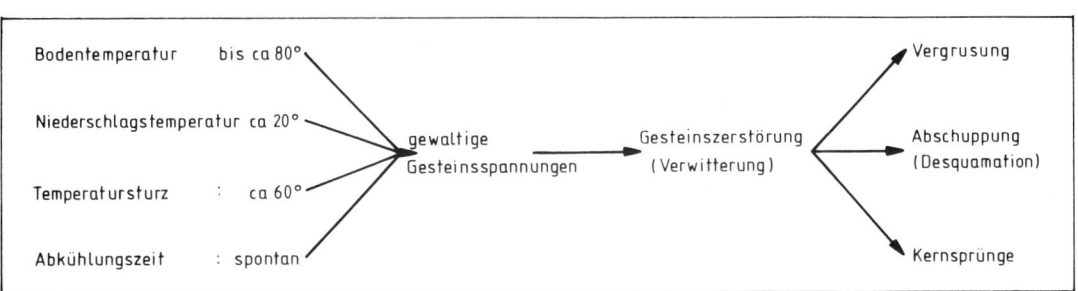

Schema der Gesteinszerstörung durch die physikalische (abkühlende) Wirkung des Niederschlags in
der Wüste.

Frostsprengung

Inhalt:	Durch Volumenvergrößerung gefrierenden Wassers in Gesteins-spalten verwittert Gestein.
Hilfsmittel:	Schraubglas oder Flasche, Wasser, Frosterfach
Vorbereitung:	Glas mit Wasser füllen und ins Gefrierfach legen.
Durchführung:	Demonstration des Eisdrucks: herausgenommenes Glas ist unter Eisdruck geplatzt.
Zeitaufwand:	1 Tag für das Frosten
Versuchsergebnis:	Eis dehnt sich aus (Volumenvergrößerung durch Eiskristallbildung). Der dabei entstehende Eisdruck sprengt das Glas.
Bes. Hinweise:	Auch als häuslicher Schulversuch durchführbar. Falls das Glas vor der vollständigen Eisbildung platzt, ist dafür Sorge zu tragen, daß das auslaufende Wasser sich nicht im Gefrierfach ausbreitet (Glas in Schale legen). Manche Gläser oder Flaschen widerstehen dem Eisdruck. In dem Fall Wasser darüber-gießen. Das Ergebnis entspricht dann dem vorstehenden Versuch (Temperaturverwitterung).

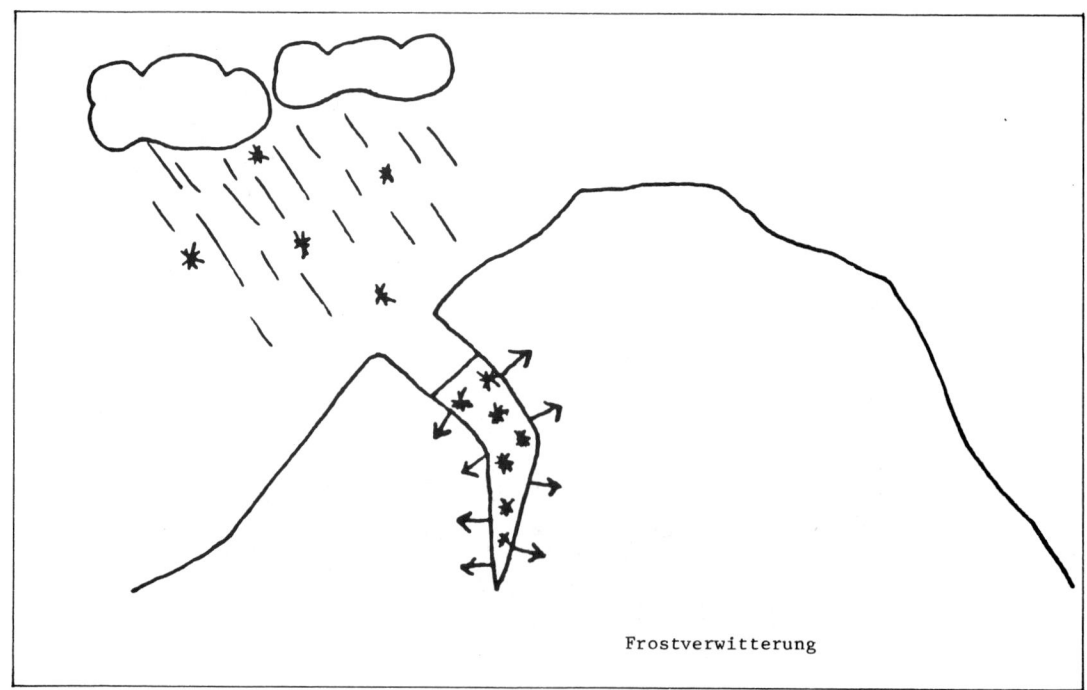

Frostverwitterung

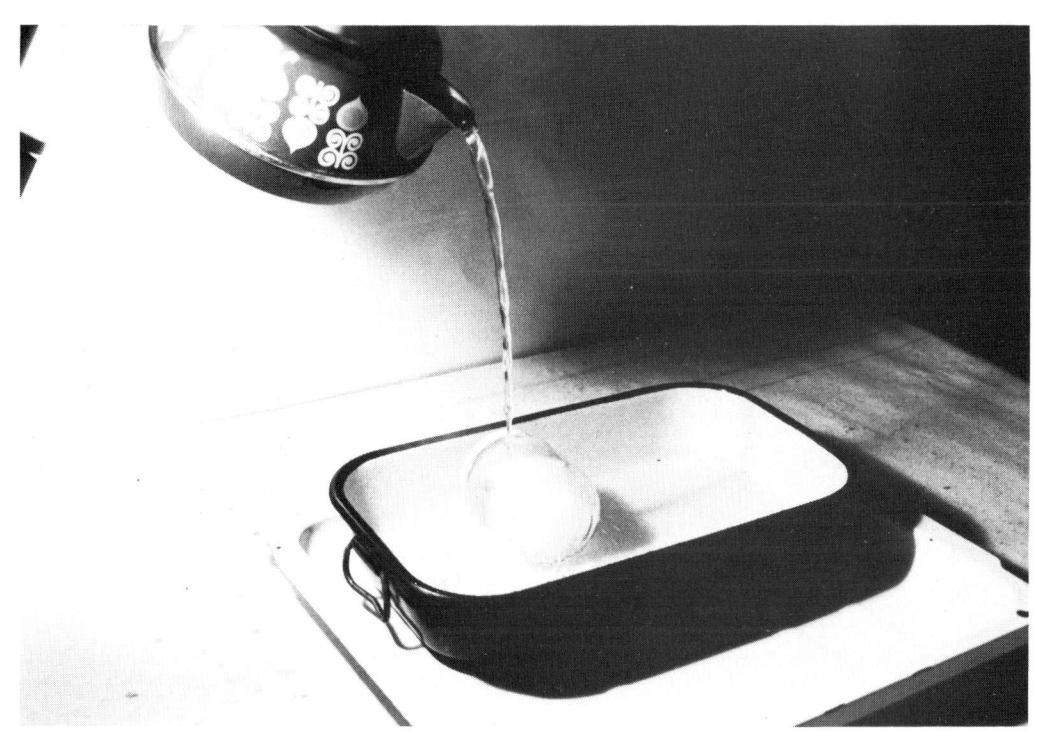

Verwitterung durch Pflanzendruck

Inhalt: Der Versuch erklärt, warum Pflanzen z.B. Asphaltdecken auf-
                       pressen und sprengen können.

Hilfsmittel: Molto fix (schnell härtender Gips), Schachtel, Erbsen, Was-
                       sersprüher

Vorbereitung: 1 Lage Molto fix auf dem Schachtelboden verteilen, dabei
                       ständig mit Wassersprüher anfeuchten, eine Reihe Erbsen in
                       die Mitte des Gipsblockes legen, darüber eine Lage Molto fix
                       geben. Das Ganze festdrücken und trocknen lassen.

Durchführung: Den erhärteten Gipsblock wässern, bis er gesprengt wird.

Zeitaufwand: ca. 10 - 15 Min. für Vorbereitung, ca. 1 Tag für Durchführung

Versuchsergebnis: Die aufquellenden Erbsen erzeugen in ihren Zellen einen so
                       hohen Druck, daß der Gipsblock gesprengt wird. In ähnlicher
                       Weise leiten Pflanzen das Bodenwasser über ihre Wurzeln in
                       die Zellwände der Sproßteile, wo der Zellsaft verdünnt wird
                       und dadurch ein gewaltiger Druck entsteht, mit dessen Hilfe
                       die Sproßspitze Asphalt durchbohren kann.

Bes. Hinweise: keine

Einige Erbsen in die Mitte geben, dann den
Gipsblock komplettieren.

Durch Zelldruck gesprengter Gipsblock

Pflanzendruck sprengt Gestein und
Asphalt.

pH-Wert des Bodens

Inhalt:	Der Kalkgehalt des Bodens ist ein wichtiges Indiz für seine Fruchtbarkeit. Er kann mit einem einfachen und preiswerten Gerät, dem Pehameter, leicht, sofort und überall gemessen werden.
Hilfsmittel:	Pehameter (wie abgebildet)
Vorbereitung:	keine
Durchführung:	Etwas Erde in die rechts befindliche runde Mulde geben, Indikatorflüssigkeit darauf träufeln. Die sich verfärbende Flüssigkeit über die Mittelvertiefung in die rechte längliche Mulde laufen lassen. Farbergebnis mit der Farbskala des Pehameters vergleichen. Aus dem pH-Wert den Kalkbedarf ableiten.
Zeitaufwand:	ca. 3 Min.
Versuchsergebnis:	Garten-, Acker- oder Waldboden sowie die Ansprüche der darauf wachsenden Pflanzen lassen sich in Beziehung zueinander setzen.
Bes. Hinweise:	keine

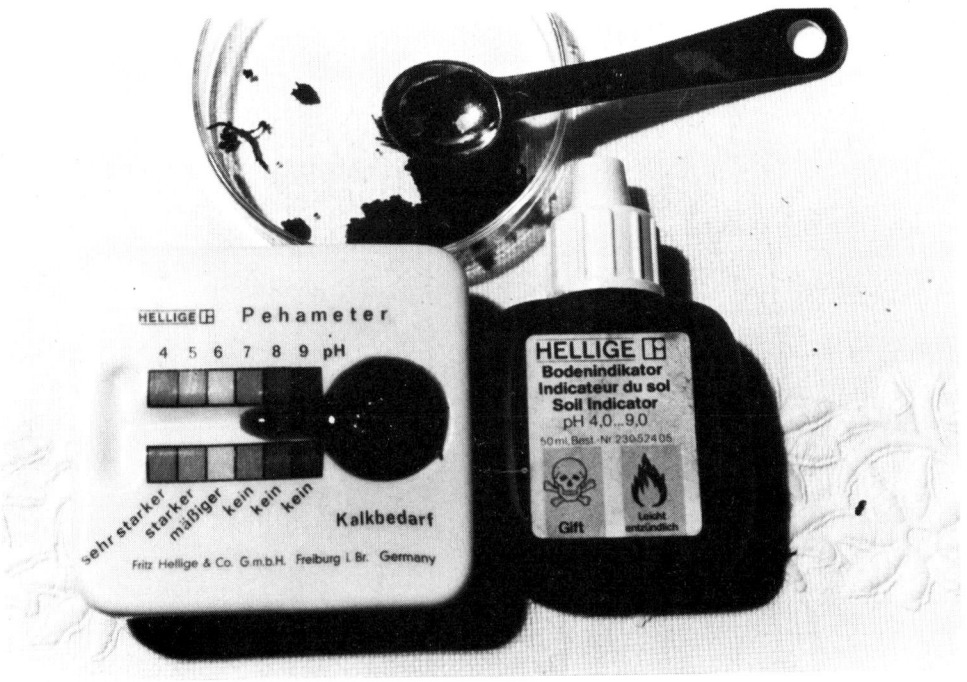

Das pH-Optimum ausgewählter Pflanzen

Ackerpflanzen		Blumen u. Zierpflanzen		Bäume	
Gerste	6,5 - 7,5	Aster	6,0 - 7,0	Birke	5,0 - 6,0
Hafer	5,5 - 7,0	Kakteen	7,0 - 8,0	Buche	6,0 - 8,0
Kartoffel	5,0 - 6,5	Maiglöckchen	4,5 - 6,0	Eiche	5,0 - 6,0
Mais	5,5 - 7,0	Goldregen	5,0 - 6,0	Erle	5,5 - 6,5
Raps	6,5 - 7,5	Sonnentau	4,0 - 5,0	Fichte	5,5 - 6,5
Roggen	5,5 - 7,0	Sonnenblume	6,0 - 7,5	Kiefer	5,0 - 6,0
Weizen	6,0 - 7,5	Hyazinthe	6,0 - 8,0	Linde	6,0 - 8,0
Zuckerrübe	6,5 - 7,5	Rhododendron	4,5 - 6,0	Pappel	6,0 - 8,0

Kalkgehalt des Bodens

Inhalt:	Der Kalkanteil des Bodens ist ein wichtiges Qualitätsmerkmal. Er ist mit Salzsäure nachweisbar.
Hilfsmittel:	Verschiedene Bodenproben (kalkfrei / kalkreich); Salzsäure, Pipette
Vorbereitung:	Bodenmaterial auf Untertasse o.a. Unterlage bereitstellen.
Durchführung:	Einige Tropfen Salzsäure auf den Boden träufeln.
Zeitaufwand:	ca. 5 Min.
Versuchsergebnis:	Böden mit starkem Kalkgehalt (über 5 % $CaCO_3$) brausen lang und anhaltend auf. Es entwickelt sich Kohlensäure. Böden mit schwachem oder keinem Kalkanteil (unter 1 % $CaCO_3$) brausen nicht.
Bes. Hinweise:	Nur verdünnte Salzsäure verwenden (10 %)! Berührung mit Salzsäure unbedingt vermeiden! Vorsicht, auch verdünnte Salzsäure wirkt ätzend! Salzsäuretest auch mit einem Stückchen Tafelkreide durchführen!

Humusnachweis

Inhalt: Bestimmung des Humusanteils unterschiedlicher Böden

Hilfsmittel: Briefwaage, Gasbrenner, humushaltigen Boden in feuerfestem
                      Behälter

Vorbereitung: Bodenprobe wiegen.

Durchführung: Organisches (humoses) Material mit Gasbrenner verglühen; er-
                      neut wiegen.

Zeitaufwand: ca. 10 Min.

Versuchsergebnis: Die Gewichtsdifferenz gibt den Humusanteil wider.

Bes. Hinweise: Unterschiedlichste Böden vergleichen.

Sickerversuch

Inhalt:	Sickerverhalten von Wasser in verschiedenen Bodenarten
Hilfsmittel:	Erlenmeyerkolben oder entsprechende Glasgefäße (2 - 4), Trichter oder Kaffeefilter, Bodenarten, (z.B. Sand, Lehm, Ton, Kies), Gießkanne oder beliebiges Gießgefäß, Stoppuhr
Vorbereitung:	Trichter bis ca. 2 cm unter dem Rand mit den Bodenarten auffüllen und auf das Glasgefäß setzen.
Durchführung:	Wasser aufgießen, Durchflußgeschwindigkeit messen.
Zeitaufwand:	ca. 15 - 20 Min.
Versuchsergebnis:	Unterschiedliche Durchlässigkeit beurteilen sowie die Bedeutung für Auswaschung, für Quellbildung, für Speicherfähigkeit und als Grundwasserstauer.
Bes. Hinweise:	Bei manchen Filtern oder Trichtern sollte der Boden mit einer groben Kiesschicht bedeckt sein, um die Verstopfung zu vermeiden.

Bodenarten	Durchlaufzeit

Materialschichtung im Wasser (Schlämmprobe)

Inhalt: Vom Wasser transportiertes Material setzt sich nach Wasserbe-
                   ruhigung entsprechend seiner Korngröße ab.

Hilfsmittel: Glas, Erdreich (Sand, Ton, Kies), Wasser

Vorbereitung: keine

Durchführung: Etwa 1/3 Erde ins Glas geben, mit Wasser auffüllen, schüt-
                   teln, hinstellen, Absetzvorgang beobachten.

Zeitaufwand: ca. 3 - 5 Min.

Versuchsergebnis: Die groben Materialien (Kiesel) setzen sich am Grunde ab, die
                   feineren Materialien (Sande) darüber, die feinsten Materia-
                   lien (Lehm und Ton) treiben als Schwebeteilchen u.U. tagelang
                   im Wasser, Humuspartikel schwimmen zum Teil oben.

Bes. Hinweise: keine

Bodenbestandteile

künstliche Schichtung

natürliche Schichtung durch Wassereinfluß

Kapillarwirkung

Inhalt:
Die Funktion der Bodenkapillaren für den Wassertransport ist nicht sichtbar, kann jedoch mit Hilfe von Küchenpapier nachgewiesen werden.

Hilfsmittel:
Untertasse oder Schale, Küchenpapier, Wasser, Speisefarbe

Vorbereitung:
In eine Schale etwas gefärbtes Wasser gießen.

Durchführung:
Streifen Küchenpapier senkrecht in das Wasser tauchen.

Zeitaufwand:
ca. 2 Min.

Versuchsergebnis:
Das gefärbte Wasser klettert infolge der Saugkraft (Kapillarwirkung) des Küchenpapiers mehrere Zentimeter über den Wasserspiegel der Untertasse. Feinste Haarröhrchen besorgen den Wassertransport im Boden, z.B. zu den Pflanzenwurzeln oder an die Oberfläche. Dort Ausfällung eventuell gelöster Salze.

Bes. Hinweise:
Je intensiver die Wasserfärbung ist, um so sichtbarer wird das Versuchsergebnis am Küchenpapier.

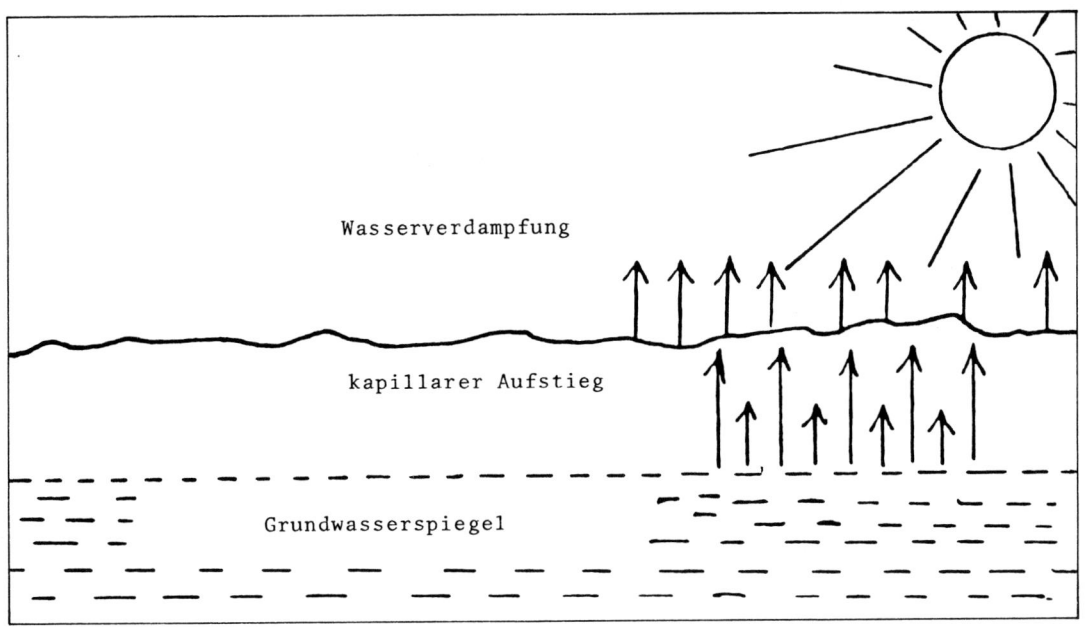

Die Sonne entzieht dem Boden Feuchtigkeit (Verdunstung). In den Bodenkapillaren steigt Grundwasser auf.

Bodenaustrocknung und Flächenspülung

Inhalt: Durch Austrocknung verkrustet die Erde im Blumentopf. Gießt
man einen solchen Blumentopf, läuft das Wasser über den Topfrand ab, statt im Boden zu versickern. Austrocknung und
Krustenbildung behindern die Funktion der Bodenkapillaren.
Das haarfeine Röhrchennetz im Boden kann daher den Transport
des Wassers nicht übernehmen. Es bleibt an der Oberfläche
stehen und läuft über.

Hilfsmittel: Ausgetrockneter Blumentopf mit Auffanggefäß für überlaufendes
Wasser, Gießkanne

Vorbereitung: Für Blumentopf mit ausgetrockneter Erde sorgen.

Durchführung: Blumentopf begießen, Wasser läuft über; Versuch wiederholen,
wenn die Erde durchfeuchtet ist: Wasser versickert.

Zeitaufwand: 2 Min.

Versuchsergebnis: Trockene Erde besitzt kaum die Fähigkeit zur Wasseraufnahme.
In feuchter Erde ist das Kapillarsystem intakt. Übertragung
auf Schichtfluten bzw. Überschwemmungen in Trockentälern der
Wüste sowie auf Abfluß- und Erosionsverhältnisse in semi-ariden Gebieten. Basis zur Erörterung der mechanischen Wirkung
der fluviatilen Abtragung (Flächenspülung, Reliefzerschnei-
dung, Badlands, Runsen, Wadis u.a.).

Bes. Hinweise: Die Nomaden sagen: In der Wüste ertrinken mehr Menschen als
verdursten.

Ertrinken

Verdursten

Ist in der Sahara die Gefahr des Ertrinkens größer als die Gefahr des
Verdurstens?

58

Bei einem ausgetrockneten Blumentopf ist das Kapillarsystem zerstört. Das Gießwasser läuft über.

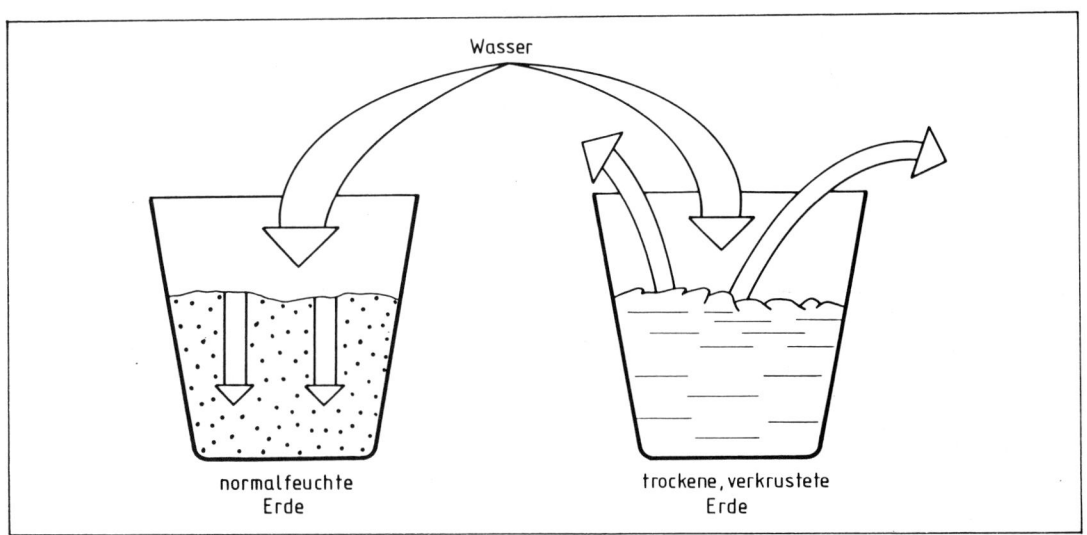

Niederschlagsaufnahme von Böden

Inhalt:	Erkennen der unterschiedlichen Aufnahmefähigkeit von vegetationsbedeckten und trocken-vegetationsfreien sowie feuchten (aber nicht übernäßten) Böden.
Hilfsmittel:	3 Schalen, Erde, Grassode, Wassersprenger
Vorbereitung:	Erde in eine Schale füllen, in zweite Schale Grassode legen, beide Schalen leicht anfeuchten, dritte Schale mit verkrustetem Erdreich (schon 1 - 2 Tage vorher vorbereiten).
Durchführung:	Verkrustetes Erdreich beregnen, Wasser versickert nicht, bleibt an Oberfläche stehen. Kippt man die Schale, dann fließt das Wasser oberirdisch dem Gefälle folgend ab. Entsprechend vegetationsbedeckte Schale begießen, Wasser wird aufgenommen, dringt in Grassode und Boden ein, wird dort festgehalten. Die bessere Wasseraufnahme liegt einerseits an den Pflanzen und ihren Wurzeln, andererseits an der durch die Pflanzendecke im Boden gehaltenen Feuchte, die für ein intaktes Kapillarsystem sorgt. Zum Beweis beregnen wir die Schale mit leicht angefeuchteter Erde. Das Wasser dringt ebenfalls in das Erdreich ein.
Zeitaufwand:	ca. 15 Min.
Versuchsergebnis:	Die Aufnahmefähigkeit des Bodens für Niederschlagswasser hängt von dem Grad seiner Vegetationsbedeckung und von dem Grad seiner Austrocknung ab. Vegetationsreiche und daher mit natürlicher Feuchte versetzte Böden absorbieren den Niederschlag, auf ausgetrockneten und daher verkrusteten Böden mit wirkungslosem Kapillarsystem fließt das Wasser oberirdisch ab und kann zerstörerische Wirkung entfalten.
Bes. Hinweise:	keine

Grassode / feuchte Erde

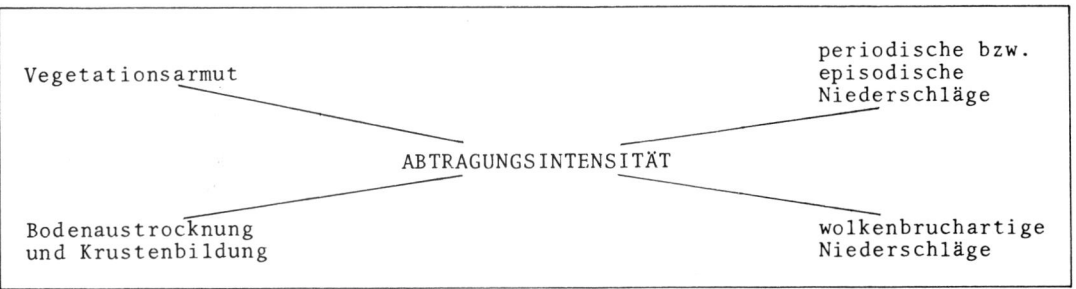

Die Abhängigkeit der Abtragungswirkung von 4 Faktoren

ausgetrocknet

Bodenversalzung

Inhalt:	Bodenversalzung in ariden Klimaten
Hilfsmittel:	Schale, Salz, durchnäßtes Erdreich, Teelöffel
Vorbereitung:	ca. 1 Teelöffel voll Salz gleichmäßig über den Boden der Schale streuen, einige Zentimeter nasse Erde über dem Salz anhäufen und leicht andrücken, eventuell die Erde noch etwas beregnen, damit das Salz wirklich gelöst wird.
Durchführung:	Die vorbereitete Schale auf den Heizkörper oder in die Sonne stellen, damit das Wasser vollständig verdunsten kann.
Zeitaufwand:	von einem Schultag zum anderen (Vorbereitung ca. 5 Min.)
Versuchsergebnis:	Die Salze werden vom Bodenwasser gelöst. Die Sonne (Wärme) entzieht dem Boden die Feuchtigkeit. Das Wasser verdunstet, die Salze werden an der Oberfläche ausgefällt (Salzblühen des Bodens).
Bes. Hinweise:	keine

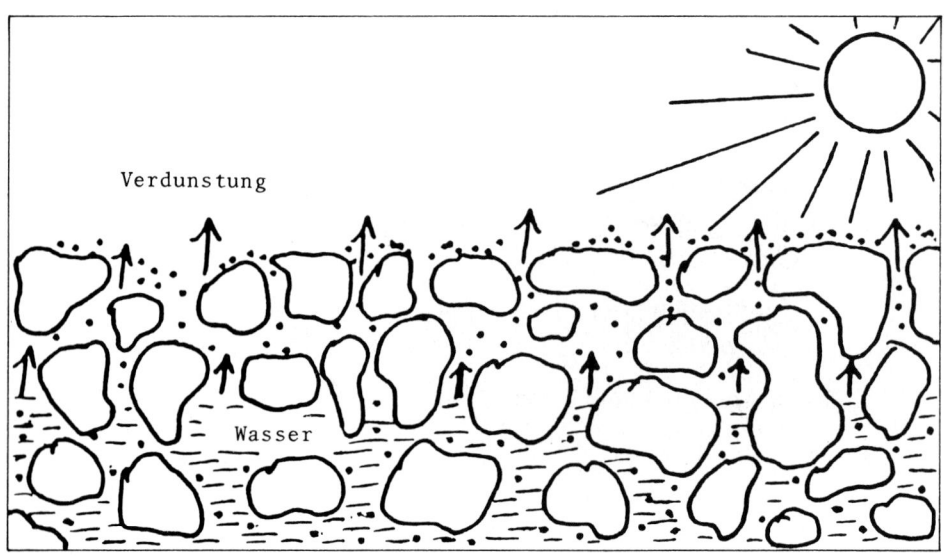

Die im Bodenwasser gelösten Salze werden an der Oberfläche ausgefällt.

Denudation

Inhalt:	Einfacher Versuch zur Demonstration der Denudation an einem Sandberg
Hilfsmittel:	Sandkasten, Sand, Gießkanne, Wasser
Vorbereitung:	Sandberg errichten.
Durchführung:	Sandberg mit Gießkanne beregnen.
Zeitaufwand:	ca. 5 Min.
Versuchsergebnis:	Die Abspülung bewirkt eine allmähliche Einebnung. Schlammströme (Muren) fließen talwärts.
Bes. Hinweise:	Möglichst als Freilandexperiment durchführen.

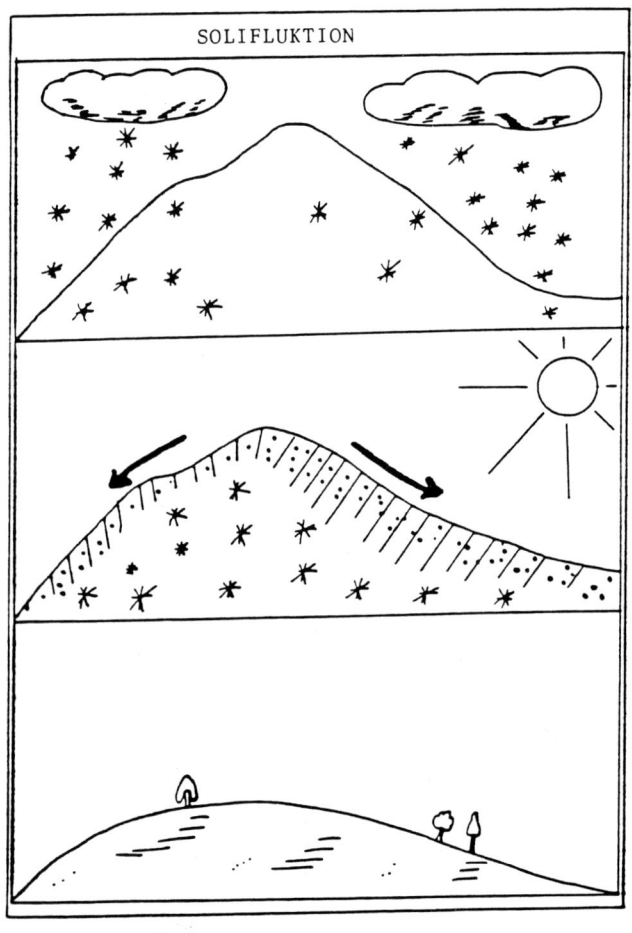

SOLIFLUKTION

Die Solifluktion ist eine andere Form der Denudation, die mühelos von dem Experiment abzuleiten ist. Die Schlammströme werden nicht durch Niederschlag erzeugt, sondern durch das frostwechselbedingte Abgleiten der Auftauschicht im periglazialen Bereich. Das sommerliche Bodenrutschen auf der Gleitbahn des gefrorenen Hügelkerns ist heute in der Tundra verbreitet und schuf in der Nacheiszeit den flachwelligen bzw. kuppigen Charakter der Moränenlandschaften.

Ungeschützter Sandberg

Allseitige Schlammströme durch Niederschlag

Abtragung im vegetationsfreien Gebirge

Inhalt: Abtragung im Gebirge ohne schützende Vegetationsdecke

Hilfsmittel: Sandkasten, Sand, großer Stein, Gießkanne, Wasser

Vorbereitung: Den Stein mit einer Sandschicht bedecken und daraus einen Berg formen.

Durchführung: Mit Gießkanne beregnen, Boden wird weggeschwemmt. Nackter Stein tritt zutage.

Zeitaufwand: ca. 10 Min.

Versuchsergebnis: In vegetationslosen Berglandschaften ist die Bodenabtragung besonders effektiv (vor allem im semi-ariden Klima) (vgl. auch das nachfolgende Experiment).

Bes. Hinweise: Sandexperimente sollten besser im Freien stattfinden, z.B. in der Sandkiste, auf dem Schulhof, am Strand, in der Kiesgrube.

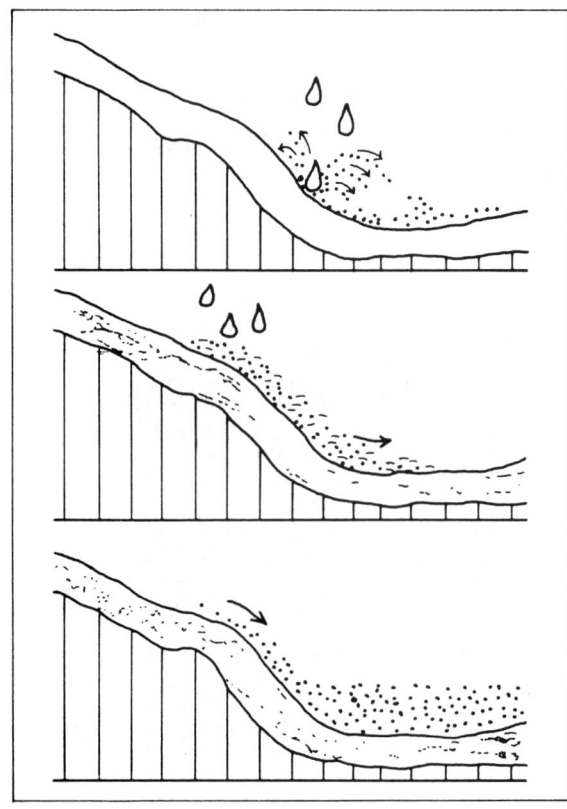

Aufprall von Regentropfen schleudert Erdteilchen hangabwärts.

Bodenfließen durch Übersättigung mit Wasser

Sedimentation am Hangfuß

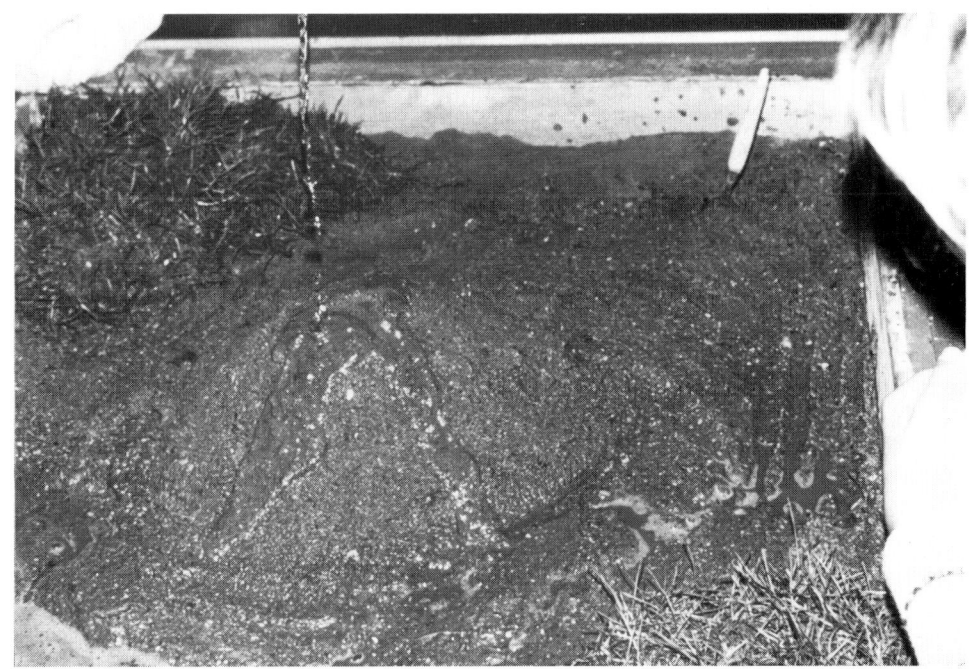

Bodenfließen / Schlammströme durch Starkregen

Abgetragener Berghang

Abtragungsschutz durch Vegetation

Inhalt: Die schützende Wirkung einer Vegetationsdecke bei Starkregen

Hilfsmittel: Sandkasten, Sand, großer Stein, Gießkanne, Wasser, Grassoden, Moospolster

Vorbereitung: Den Stein mit Sandschicht bedecken, daraus einen Berg formen, mit Grassoden und Moospolster abdecken. (vgl. auch vorstehendes Experiment)

Durchführung: Mit Gießkanne beregnen. Bodenabspülung unterbleibt.

Zeitaufwand: ca. 10 Min.

Versuchsergebnis: Das Ausdrücken einer Grassode oder eines Moospolsters beweist die hohe Sorptionskapazität der schützenden Vegetationsdecke. Sie verhindert die Bodenspülung oder schränkt sie zumindest stark ein.

Bes. Hinweise: Sandexperimente sollten besser im Freien stattfinden, z.B. in der Sandkiste, auf dem Schulhof, am Strand, in Kiesgrube. Versuchsergebnis mit vorstehendem Experiment vergleichen.

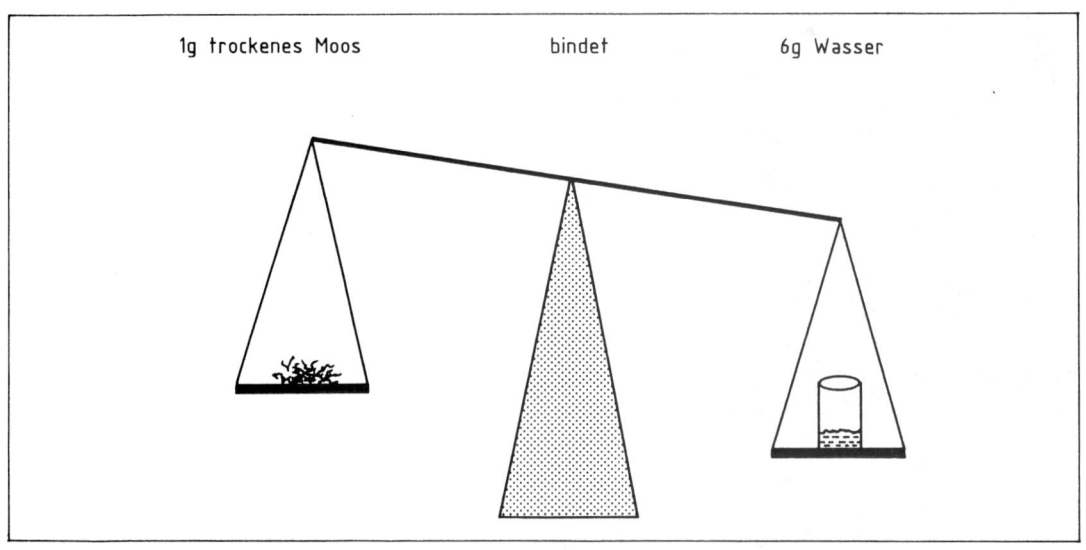

1g trockenes Moos   bindet   6g Wasser

Selbst Starkregen können einer dichten Moos- und Grasdecke nichts anhaben.

Demonstration der Sorptionskapazität
von Moos / Grassoden

Wirkung und Eindämmung der Abspülung

Inhalt: Mehrzweckmodell zur Demonstration der Abspülung und des Hang-
                       schutzes

Hilfsmittel: Sandkasten, Sand, Kieselsteine, Grassoden, Styroporplatten
                       oder Holzbrettchen, Gießkanne, Wasser

Vorbereitung: Sandberg errichten mit Längsfurchen, Querfurchen, Bewuchs,
                       Terrassen.

Durchführung: Sandberg mit Gießkanne beregnen, unterschiedliche Wirkung der
                       Abspülung beobachten.

Zeitaufwand: ca. 20 Min.

Versuchsergebnis: Eine effektive Eindämmung der Abspülung wird durch eine ge-
                       schlossene Vegetationsdecke oder durch Terrassierung er-
                       reicht. Querfurchen (z.B. Konturenpflügen in wechselfeuchten
                       Landschaften) sind besser als Längsfurchen.

Bes. Hinweise: Möglichst als Freilandexperiment durchführen.

Bodenerhaltung

Konturenpflügen
(Querfurchen)
Schutz der Vegetationsdecke
Terrassierung

Bodenzerstörung

Rodung von Wäldern
Längsfurchen

Steilküste

Inhalt:	Die marine Abrasion an einer Steilküste
Hilfsmittel:	Sandkasten, Sand, Wasser, Spielzeughäuser (Monopoly), Brett
Vorbereitung:	Steilküste mit Häusern und Bäumen errichten, Wasserbecken füllen.
Durchführung:	Mit Brett Wellengang erzeugen. Die Wellen zerstören die Küste, Häuser und Bäume stürzen in die Tiefe.
Zeitaufwand:	ca. 20 Min.
Versuchsergebnis:	Die anlaufenden Wellen untergraben das Kliff durch Brandungshohlkehlen; überhängendes Material bricht nach; die Steilküste rückt landeinwärts vor.
Bes. Hinweise:	Möglichst als Freilandexperiment durchführen. Mit Folie oder Ton-/Lehmschicht das Versickern des Wassers verhindern. Spielzeughäuser und -bäume können zusätzlich als dramatisierendes Element verwendet werden.

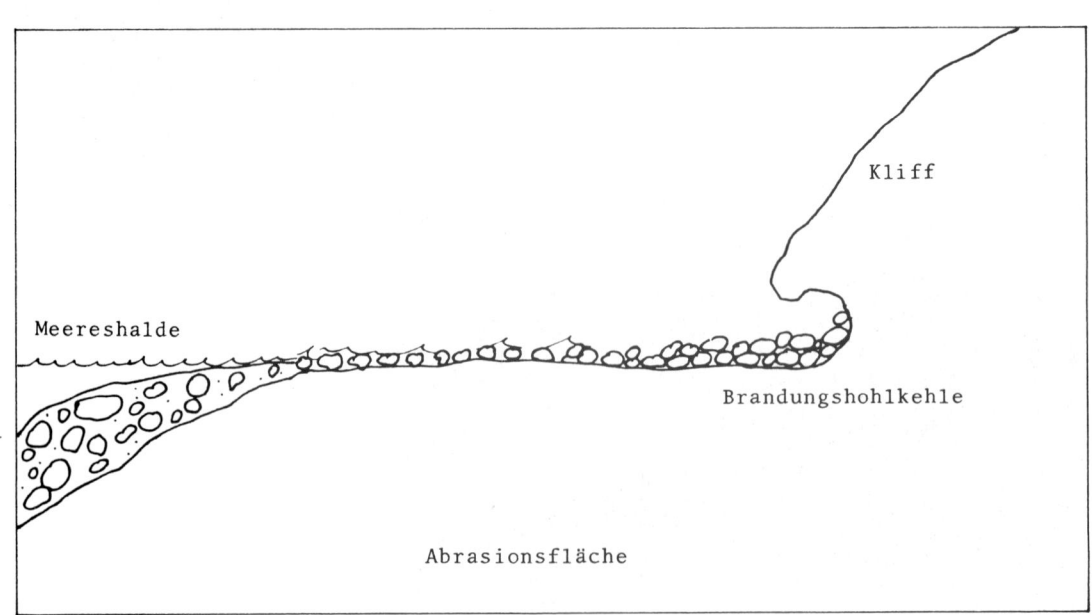

Kliff

Meereshalde

Brandungshohlkehle

Abrasionsfläche

Brandungswellen

Zerstörung am Kliffuß (Andeu-
tung einer Hohlkehle)

Abbruchkante über Hohlkehle

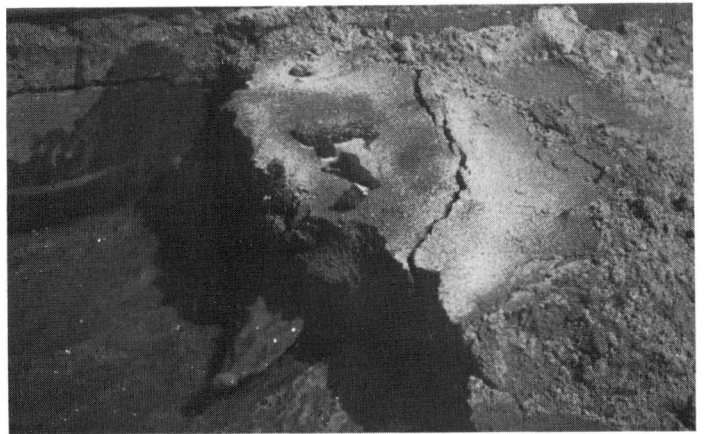

Dünenbildung

Inhalt: Hindernisse bzw. Pflanzen als Dünenbildner

Hilfsmittel: Feiner Sand, kleines Brett, Büschel von Besenhaaren, Fön,
                   großer Karton oder Kasten (wegen Sandflug!)

Vorbereitung: Sand im Kasten verteilen (Strandfläche aufschütten), Brett
                   bzw. Besenhaare hineinstellen (zuvor auf dünne Unterlage kle-
                   ben oder mit Fuß in einer Aussparung der Ausblasungsfläche
                   bündig versenken).

Durchführung: Mit Fön Sandtreiben verursachen. Sandhindernisse austauschen.

Zeitaufwand: ca. 10 Min.

Versuchsergebnis: Dünen entstehen, wo sich den sandtreibenden Winden geschwin-
                   digkeitsbremsende Widerstände in den Weg stellen. Vor un-
                   durchdringlichen Hindernissen wird der Luftstrom reflektiert.
                   Dadurch entsteht hier eine Stauzone, in der sich der Sand ab-
                   lagert. Bei durchlässigen Hindernissen (Pflanzen) verliert
                   der Wind nach dem Durchströmen der Blätter und Stengel einen
                   Teil seiner Kraft, so daß in Lee der Pflanze Sand aufgehäuft
                   wird.

Bes. Hinweise: keine

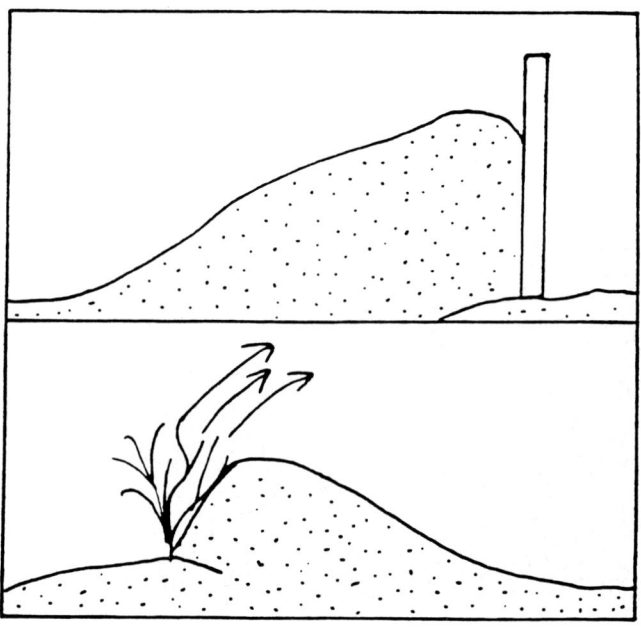

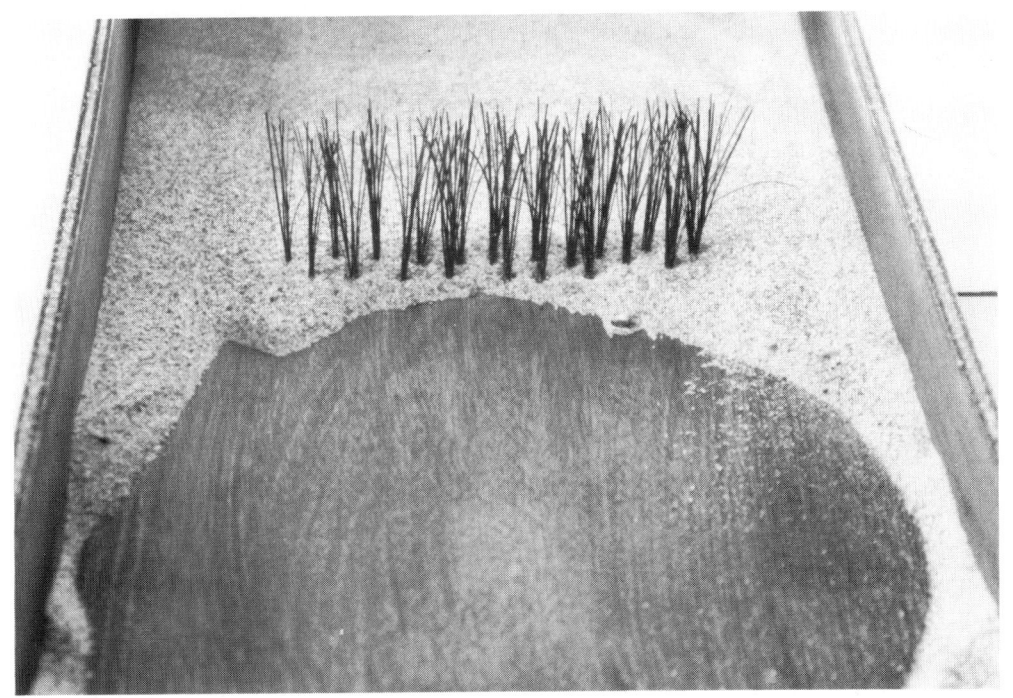

Schichtquelle

Inhalt:	Entstehung einer Quelle über einem Stauhorizont
Hilfsmittel:	Sandkasten, Sand, Ton, Glasscheibe, Wasser / Wasserschlauch
Vorbereitung:	Sandberg errichten, Tonschicht als Stauhorizont und in leichter Schräglage einbauen. Glasscheibe als seitliche Stauscheibe und zugleich zum Sichtbarmachen des Sand-/Ton-/Sandprofils verwenden.
Durchführung:	Sandberg beregnen und Sickervorgang abwarten, bis Quellwasser am Berghang austritt.
Zeitaufwand:	ca. 20 Min.
Versuchsergebnis:	Sand- und Kiesschichten lassen den Niederschlag ungehindert versickern. Tonige (felsige) Schichten stauen das Sickerwasser. Es folgt der Gefällerichtung des Stauhorizontes und tritt am Berghang als Quelle aus.
Bes. Hinweise:	Möglichst als Freilandexperiment durchführen.

Entstehung einer Schichtquelle

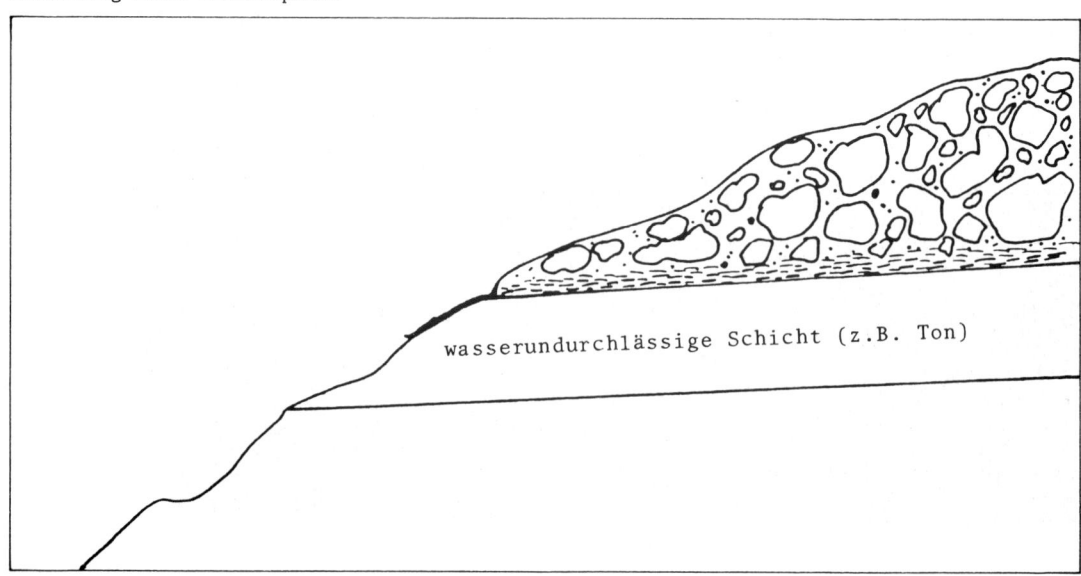

wasserundurchlässige Schicht (z.B. Ton)

Vorsichtiges Besprühen des Berges

Wasser tritt über dem Stauhorizont zutage (unten rechts)

Erosionsrinne und Schwemmfächer

Inhalt: Entstehung von tief eingeschnittenen Erosionsrinnen und
                       Schwemmfächern im Gebirge

Hilfsmittel: Sandkasten, Sand, Wasserschlauch oder Gießkanne

Vorbereitung: Formung eines Sandberges

Durchführung: Wasserschlauch auf Bergkuppe legen, Wasser läuft Berghang
                       hinab, schneidet sich tief ein, ausgespültes Material sammelt
                       sich fächerförmig am Bergfuß.

Zeitaufwand: ca. 10 Min.

Versuchsergebnis: Das fließende Wasser schafft Erosionsrinnen. Ihre Tiefe ist
                       abhängig von der Häufigkeit der Niederschläge, der Zeit und
                       dem Material (Gestein). Die Akkumulation am freien Bergfuß
                       erfolgt delta- bzw. fächerförmig (Schwemmfächer).

Bes. Hinweise: Möglichst als Freilandexperiment durchführen.

Oberlauf

Unterlauf

Mündung

Schleppmaterial

Schleppkraft des
fließenden Wassers

Ablagerungen

Die Transportkraft des Flusses nimmt vom Oberlauf zum Unterlauf ab, die Akkumulation wächst.

Trinkwassergewinnung in der Wüste

Inhalt:	Wassergewinnung in einer Notsituation durch Beeinflussung der Kondensation, Bindung und Erhöhung der Feuchtigkeit in einer Erdgrube
Hilfsmittel:	Plastikbecken, Folie, Gummiband, Sand (leicht temperiert und angefeuchtet), Stein, kleine Untertasse oder Petrischale, Infrarotlampe
Vorbereitung:	siehe Durchführung
Durchführung:	Sand in Plastikbecken füllen, Hohlform (Grube) herstellen, deren Querschnitt an der vorderen Beckenscheibe sichtbar ist; Petrischale in die Mitte der Grube setzen, Folie über den Rand des Beckens mit Gummiband befestigen und tief in die Hohlform herabziehen; Mitte der Folie mit Stein beschweren; mit Infrarotlampe bestrahlen, das Ganze zur Abkühlung bringen (Fenster, Hof, Keller); Wasser kondensiert an der Unterseite der Folie, läuft zur Mitte hin und tropft in Petrischale.
Zeitaufwand:	ca. 10 - 15 Min. zum Versuchsaufbau, Abkühlung und Kondensation unterschiedlich (ca. 15 - 30 Min.)
Versuchsergebnis:	Die warme Luft unter der Folie kann nicht entweichen. Die Temperatur steigt. Die Verdunstungskraft wächst. Die geringe vorhandene Feuchtigkeit wird dem Wüstenboden entzogen, reichert sich in absoluten Werten unter der Folie an. Durch nächtliche Abkühlung der Wüstenluft kondensiert die Feuchtigkeit der wärmeren, sich langsamer abkühlenden Grubenluft an der Kontaktfläche (Folie, Zeltbahn, Tuch o.ä.) beider Luftmassen. Tropfen fallen in das Gefäß.
Bes. Hinweise:	Der Sand sollte wegen der geringen Dimension des Versuchs und des gewünschten schnellen Ergebnisses leicht angefeuchtet sein. Eventuell beliebige Pflanzen oder - reste als Feuchtigkeitsträger auf den Grund der Grube legen (Kakteen, Sklerophyten, Hartgräser in der Wüste).

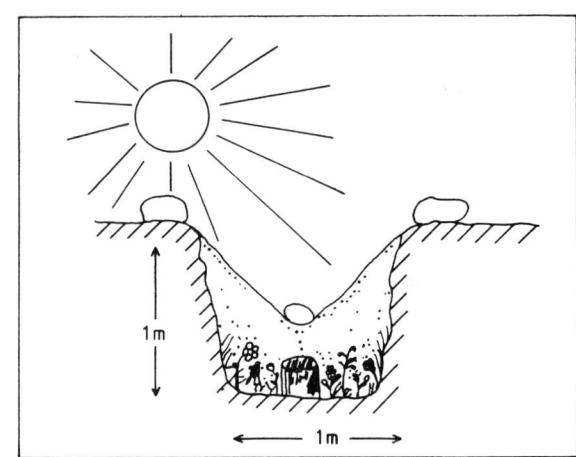

Pflanzenreste am Grunde der Grube erhöhen
die Luftfeuchte und tragen zu größerer
Wirksamkeit des Versuches bei.

Artesischer Brunnen

Inhalt: Artesisch gespanntes Wasser bildet die Lebensgrundlage in vielen Oasen. Der Versuch demonstriert die Wirkungsweise eines artesischen Brunnens.

Hilfsmittel: Plastikbecken oder Aquarium, 2 Stative, Schlauch, Trichter, Wasser, Streichholz, Schere oder Messer

Vorbereitung: Aufbau gemäß Abbildung, in die Mitte des durchhängenden Schlauches ein Loch hineinstechen, das Loch mit einem Streichholz verschließen.

Durchführung: Über den Trichter Wasser in den Schlauch einfüllen und Streichholz entfernen, das Wasser sprudelt mit kräftigem Strahl in die Höhe.

Zeitaufwand: ca. 10 Min.

Versuchsergebnis: Der von beiden Seiten zur Schlauchmitte gerichtete Wasserdruck entlädt sich nach Anbohrung senkrecht in die Höhe. In der Realität trägt der Gesteinsdruck der über der wasserführenden Schicht lastenden Gesteinspakete zu einer Verstärkung des artesischen Prinzips bei.

Bes. Hinweise: Mit Speisefarbe versetztes Wasser ist besser sichtbar.

Wasser sammelt sich in unterirdischen Mulden über einer wasserundurchlässigen Schicht. Bei Anbohrung des unter Druck stehenden Wassers sprudelt es aus der Tiefe.

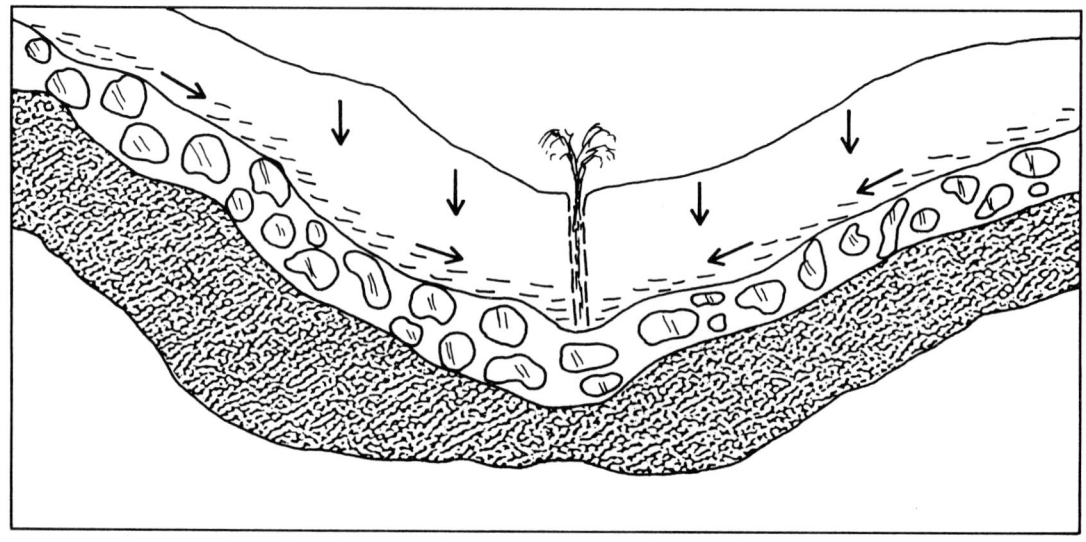

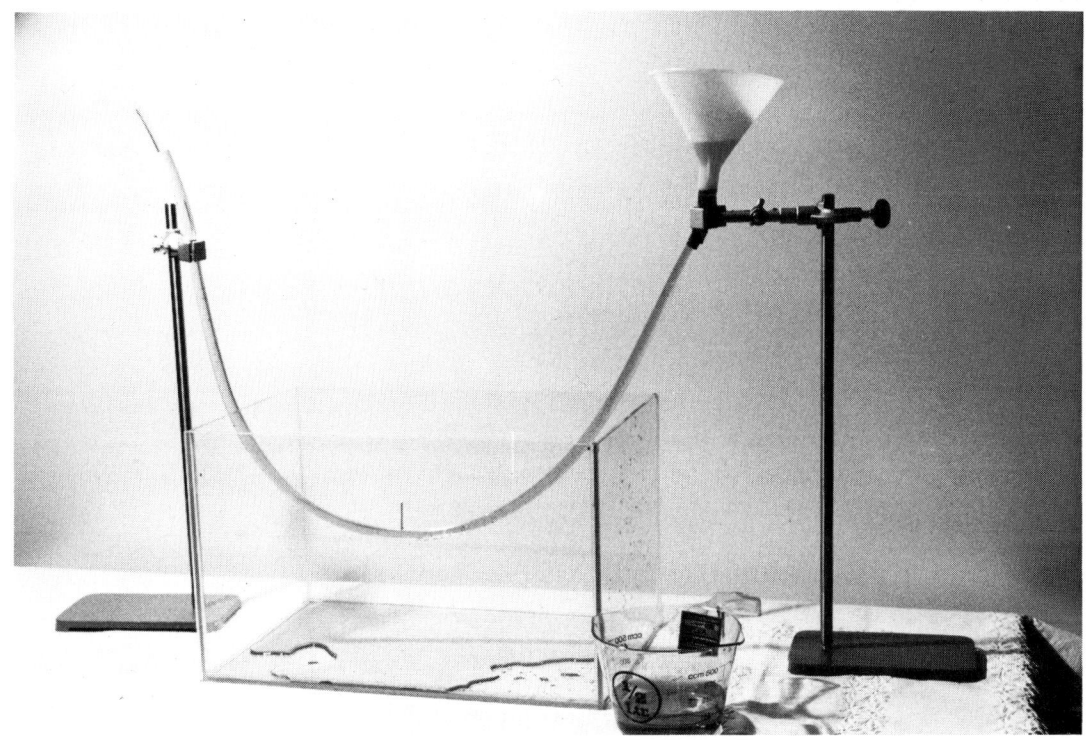

Entfernt man das Streichholz in der Schlauchmitte, sprudelt der "artesische Brunnen" ungefähr 10 cm in die Höhe.

Salzwasser trägt

Inhalt:	Salzwasser trägt in Abhängigkeit von der Salzkonzentration.
Hilfsmittel:	2 Glasgefäße, Geschirrspülersalz, 2 Eier
Vorbereitung:	Gläser mit Wasser füllen, 1 Glas mit Salzlösung vorbereiten.
Durchführung:	Je ein Ei in die Gläser legen. Das Ei im Süßwasser sinkt zu Boden. Im Salzwasser schwimmt es oben.
Zeitaufwand:	ca. 5 Min.
Versuchsergebnis:	Durch Salzzufuhr wird die spezifische Schwere des Wassers größer als die des Eies. Eine entsprechende hohe Salzsättigung besitzt das Wasser des Toten Meeres, so daß ein badender Mensch dort nicht untergehen kann.
Bes. Hinweise:	Da Küchensalz zu einer starken Trübung führt und die Versuchsbeobachtung behindert, wird die Verwendung von Geschirrspülersalz empfohlen - Man kann die Salzlösung auch allmählich erhöhen. Bei einer bestimmten Konzentration treibt dann das Ei in halber Wasserhöhe, bevor es nach weiterer Konzentrationserhöhung ganz aufsteigt.

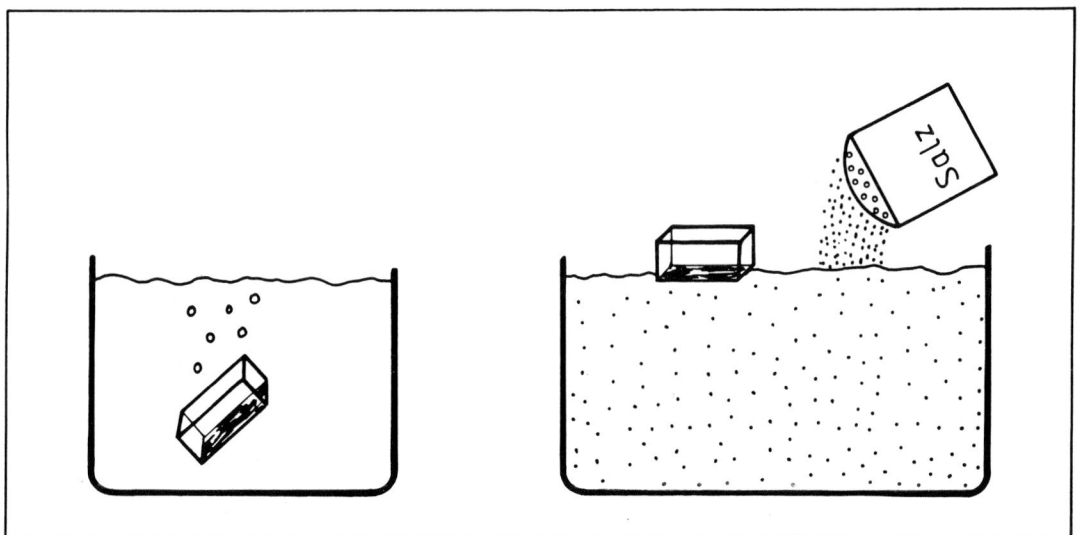

Durch allmähliche Salzzugabe kann der Gegenstand (Ei o.ä.) langsam in die Höhe befördert werden und sogar in der Mitte schweben.

Salzgehalt einiger Seen und Meere

Ostsee (mittlere)	7 ‰
Kieler Bucht	15 ‰
Nordsee	34 ‰
Mittelmeer	37 ‰
Rotes Meer	41 ‰
Großer Salzsee (USA)	250 - 270 ‰
Totes Meer	270 - 310 ‰
Assalsee	348 ‰

Leichtes Wasser / schweres Wasser

Inhalt: Warmes Wasser ist leichter als kaltes Wasser. Es schwimmt daher oben.

Hilfsmittel: Plastikbecken / Aquarium, 2 Luftballons, kaltes und warmes Wasser

Vorbereitung: Becken mit temperiertem Wasser füllen, 1 Luftballon mit sehr kaltem Wasser füllen, den anderen mit warmem Wasser auffüllen (bei beiden auf gleiche Größe und Füllmenge achten).

Durchführung: Beide Ballons ins Becken legen. Der Ballon mit sehr kaltem Wasser sinkt auf den Grund, der Ballon mit warmem Wasser schwebt an der Oberfläche.

Zeitaufwand: ca. 10 Min.

Versuchsergebnis: Warmes Wasser ist leichter als kaltes. Es schwimmt oben.

Bes. Hinweise: Temperaturverhältnisse in Gewässern erörtern (s. Skizze).

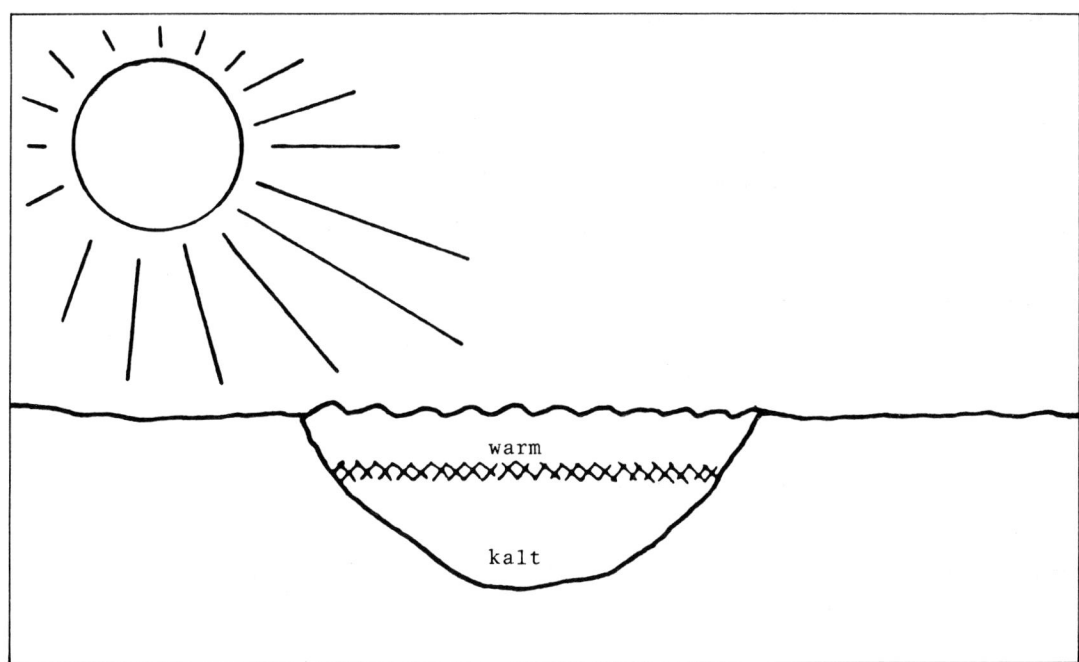

Sommerstagnation in einem See: Das kalte, dichte Wasser wird durch eine sog. Sprungschicht vom wärmeren und leichteren Oberflächenwasser getrennt. Keine Zirkulation, wachsender Sauerstoffmangel in der Tiefe. Die vertikale Zirkulation funktioniert nur bei ausgeglichenen Temperaturen. (Winterhalbjahr, sofern keine Eisbedeckung)

Einfallswinkel der Sonnenstrahlen

Inhalt:

Der Einfallswinkel der Sonnenstrahlen ist von der Breitenlage abhängig. Demonstration am Globus.

Hilfsmittel:

Globus, Diaprojektor

Vorbereitung:

keine

Durchführung:

Diaprojektor in Höhe des Äquators auf den Globus richten. Das Lichtfeld erscheint konzentriert und klein. Durch Verlagerung der Projektorachse nach N wird die bestrahlte Fläche deutlich größer.

Zeitaufwand:

ca. 3 Min.

Versuchsergebnis:

Bei senkrechtem Einfallswinkel konzentriert sich die Sonnenenergie auf eine kleine Fläche. Dieselbe Strahlungsmenge verteilt sich bei schrägem Einfallswinkel auf eine größere Fläche. Da die Sonne nur zwischen den Wendekreisen senkrecht steht, sind die Pole in Bezug auf die Strahlungszufuhr benachteiligt.

Bes. Hinweise:

Neben der Verteilung der Energie auf der Erdoberfläche in Abhängigkeit vom Einfallswinkel wirkt auch die davon abhängige Länge des Weges durch die strahlungsabsorbierende atmosphärische Schicht energieabschwächend.

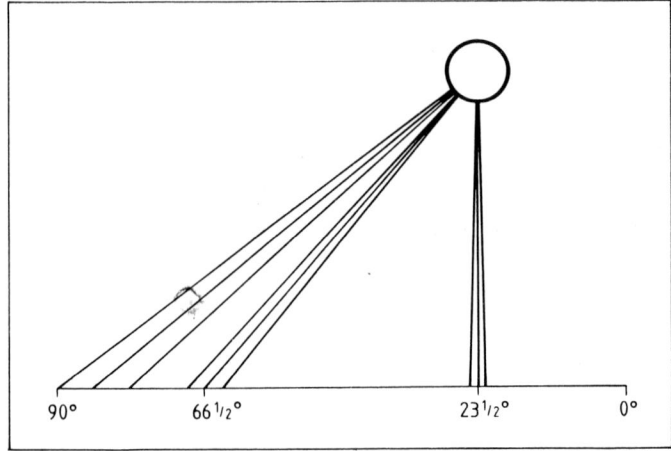

Nordsommer: Stahlungsmaximum am nördl. Wendekreis, geringe Energiezufuhr am Nordpol

90°   66¹/₂°   23¹/₂°   0°

 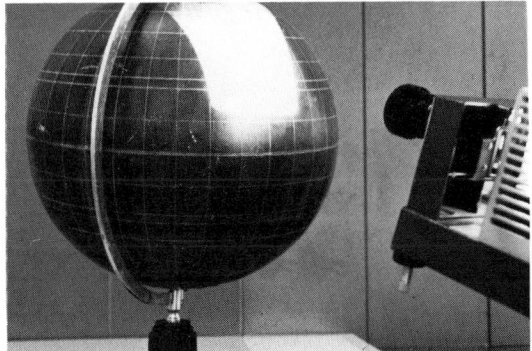

Einfallswinkel und geographische Breite

Winkel der Sonnenstrahlen	erwärmte Oberfläche	Erwärmung
steil	klein	stark
flach	groß	gering

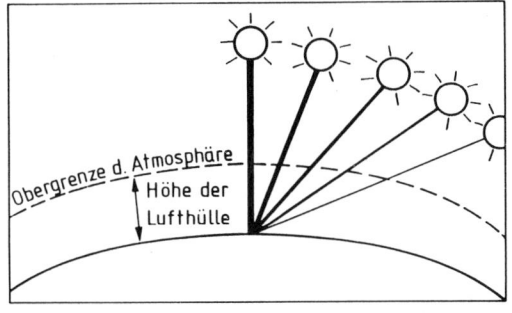

Energieverlust in der Atmosphäre:

Je länger der Weg durch die strahlungsverschluckende Atmosphäre, desto geringer die Energiezufuhr an der Erdoberfläche.

Albedoabhängige Bodenerwärmung

Inhalt: Messung der albedoabhängigen (rückstrahlungsabhängigen) Ober-
                        flächentemperatur unterschiedlicher Böden

Hilfsmittel: 3 Schüsseln, 3 Thermometer, grober Kies, feiner Kies, Lehm,
                        Ton oder beliebige andere Böden

Vorbereitung: Bodenmaterial in Schüsseln füllen.

Durchführung: Schüsseln mit Thermometern in Sonne stellen.

Zeitaufwand: 5 - 10 Min.

Versuchsergebnis: Die Temperatur der Böden ist abhängig von ihrer Farbe. Helle
                        Oberflächen reflektieren einen großen Teil der Sonnenstrah-
                        lung, daher ist die Erwärmung gering. Dunkle Oberflächen ab-
                        sorbieren mehr Strahlung, wandeln sie in Wärme um und weisen
                        daher höhere Temperaturen auf.

Bes. Hinweise: keine

Die Erde wandelt einen Teil der Strahlung
nicht in Wärme um

Bei

Lava sind es	4 %
Ackerland	15 %
Wiese	25 %
Dünen	37 %
Schnee (frisch)	85 %

Lava, dunkle vulkanische Schlacke, wandelt nur 4 % der Strahlung nicht in Wärme um; 96 % der einfallenden Strahlen erzeugen dagegen Wärme. Die Rückstrahlung bei frischem Schnee beträgt 85 %. Wärme erzeugen nur 15 % der Strahlen. Je dunkler der Boden, desto größer ist der Wärmegewinn. Auf hellen Oberflächen wird wenig Wärme erzeugt.

Schneeschmelzversuch (Wirkung der Albedo)

Inhalt:	Die Bedeutung und die Veränderung der Albedo (Rückstrahlung solarer Energie) auf Schneeflächen
Hilfsmittel:	Schnee, Ruß, Meßstab (Lineal), Uhr
Vorbereitung:	Ruß beschaffen (z.B. Schornsteinklappe im Keller).
Durchführung:	Die Hälfte eines sonnenbeschienenen Experimentierfeldes aus möglichst frischem Schnee mit Ruß bestreuen, Lineal in das geschwärzte Schneefeld stecken, Höhe markieren oder merken, Schneeschmelzvorgang vergleichen.
Zeitaufwand:	Vorbereitung ca. 10 Min., Ergebnis nach ca. 2 - 3 Std.
Versuchsergebnis:	Die helle Schneeoberfläche schmilzt langsam, weil sie das Sonnenlicht ohne dessen Umwandlung in Wärme zum größten Teil reflektiert. Auf der schwarzen Rußoberfläche des anderen Schneefeldes wird die Sonnenenergie in großem Umfang in Wärme umgesetzt, so daß der Schnee darunter rasch wegtaut.
Bes. Hinweise:	Der Versuch ist nur bei Frosttemperaturen durchzuführen. Warme Luft, die über eine Schneedecke geführt wird, würde auch die freie Schneefläche zum Schmelzen bringen.

Auf einer geschwärzten Schneefläche (z.B. mit Ruß) reduziert sich der nicht in Wärme umgewandelte Strahlungsanteil von ca. 85 % auf 30 % oder weniger. Daher liegt der Wärmegewinn entsprechend hoch.

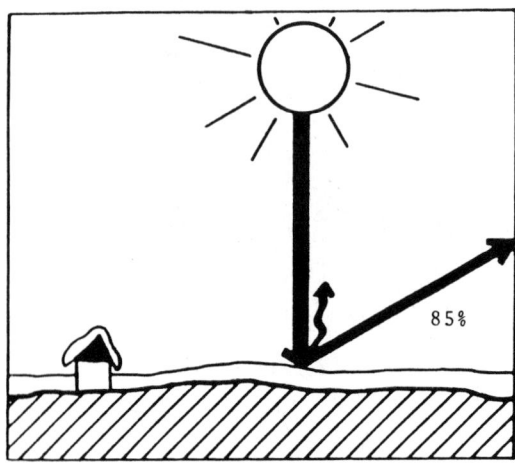

85%   30%

Schneehöhe bei Experimentbeginn: ca. 18 cm

Deutliches Niederschmelzen ist bereits nach 1 - 2 Std. sichtbar. Nach 4 1/2 Std. ist die Schnee-
decke fast auf 0 cm heruntergetaut.

Treibhauseffekt

Inhalt: Erklärung der starken Erwärmung im Treibhaus durch Selektion im Strahlenspektrum

Hilfsmittel: Kakteentreibhaus, 2 Thermometer (möglichst elektronisch)

Vorbereitung: keine

Durchführung: Treibhaus an sonnigen Platz stellen. Ein Thermometer mißt die Temperatur per Meßfühler im Inneren des Treibhauses. Das 2. Thermometer mißt die Außentemperatur. Deutliche Unterschiede der Meßergebnisse innerhalb kurzer Zeit.

Zeitaufwand: ca. 10 - 15 Min.

Versuchsergebnis: Die kurzwellige Sonnenstrahlung durchdringt ungehindert das gläserne Treibhausdach. Die im Treibhaus erzeugte langwellige Wärmestrahlung wird vom Glasdach zurückgeworfen und sorgt für die intensive Erwärmung der Treibhausluft. - Ähnlicher Vorgang in der Atmosphäre: Wolken und CO_2 wirken wie das Glasdach. Sie lassen kurzwellige Sonnenstrahlen hindurch und binden die Wärmestrahlung in den unteren Luftschichten der Atmosphäre.

Bes. Hinweise: keine

außen 19°C,
innen 26,3°C

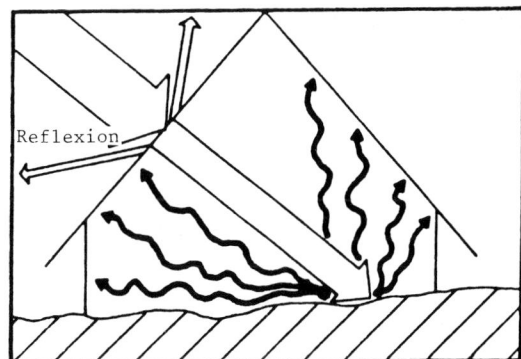

Nicht nur die einfallende Strahlung wird behindert, auch die von der Erde wegstrebenden Wärmestrahlen können nicht ohne weiteres entweichen, vor allem nicht bei starker Bewölkung. Je dichter und mächtiger die Bewölkung ist, um so stärker lenkt sie die wegstrebenden Wärmestrahlen zur Erde zurück.

Hierbei wirkt die Wolkendecke wie das Glasdach eines Treibhauses. Das Glasdach läßt die Sonnenstrahlen durch, aber sobald sie am Boden in Wärmestrahlen umgewandelt sind, läßt das Glasdach sie nicht entweichen, und es kommt im Treibhaus zu einem Wärmestau.

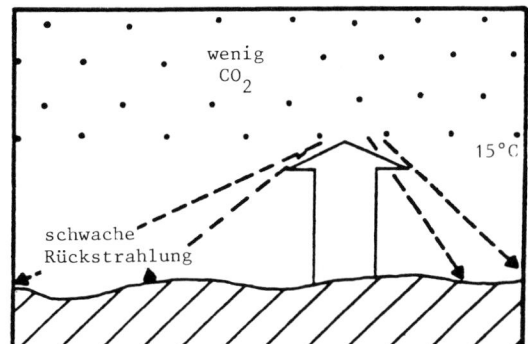

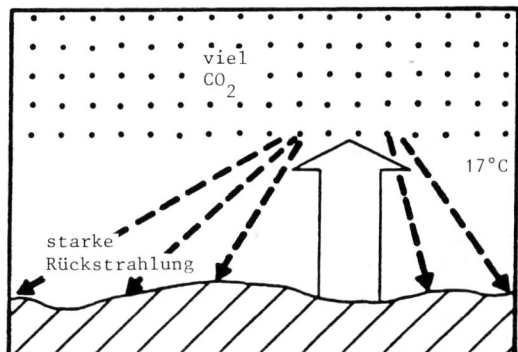

Bei niedrigem CO_2-Gehalt der Luft ist auch die Rücksendung der Wärmestrahlung zur Erde gering. Die Temperatur beträgt bei diesem Beispiel 15°C.

Steigt jedoch der CO_2-Gehalt der Luft, wird die Rückstrahlung der Wärme verstärkt. Die Folge ist ein Temperaturanstieg in bodennahen Luftschichten, z.B. auf 17°C. Tatsächlich ist ein Zusammenhang zwischen steigendem CO_2-Gehalt und Anstieg der Temperaturen erwiesen. Die Konsequenzen daraus werden von Wissenschaftlern mit großem Ernst diskutiert.

Druckabhängige Temperatur (Fahrradschlauch aufpumpen)

Inhalt:

Temperaturveränderungen durch Luftdruckunterschiede lassen sich am Beispiel eines aufzupumpenden Fahrradschlauches demonstrieren.

Hilfsmittel:

Fahrradschlauch, Fahrradpumpe

Vorbereitung:

keine

Durchführung:

Fahrradschlauch aufpumpen, anschließend Luft ausströmen lassen.

Zeitaufwand:

ca. 3 Min.

Versuchsergebnis:

Kräftiges Pumpen führt zu einem Druckanstieg (Dichte der Luftteilchen) im Schlauch. Hierdurch wird in der Schlauchluft Wärme erzeugt, die insbesondere am Metallventil spürbar ist, wo durch den Düseneffekt und die Reibung der Luftteilchen die Wärmewirkung verstärkt wird. Entläßt man die Luft allerdings aus dem Schlauch, wird sie bei Austritt an der Ventilöffnung kälter empfunden als die Umgebungsluft. Der Grund dafür liegt in der sofortigen Ausdehnungsmöglichkeit der Luft beim Ausströmen aus einem hohen Druckfeld in einen niedrigeren Umgebungsdruck. Unter Druck geratendes Gas nimmt Wärme auf; bei Druckminderung wird Abkühlung bewirkt. Dem entspricht z.B. in der Atmosphäre die dynamische Erwärmung absinkender Luft (dadurch Druckerhöhung) in Hochdruckgebieten, bzw. die Abkühlung durch Ausdehnung und Druckverminderung bei aufsteigender Luft.

Bes. Hinweise:

keine

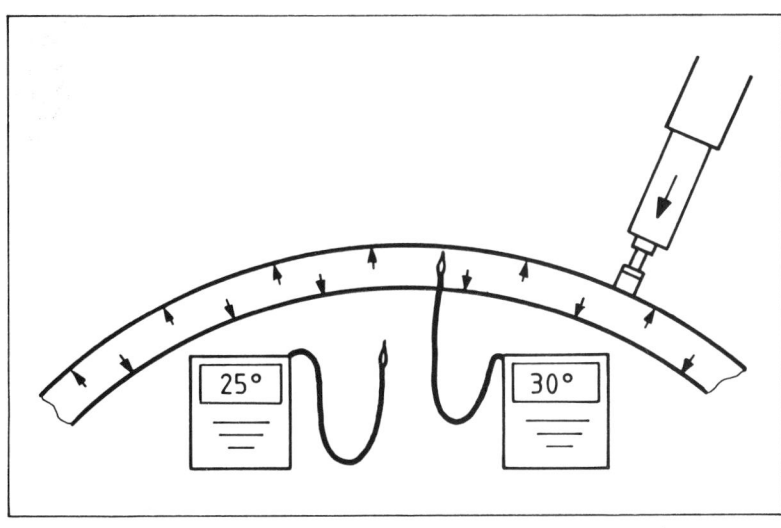

Temperaturanstieg durch
Druckerhöhung in einem
Schlauch

Druckabhängige Temperatur (Messung)

Inhalt:

Die Messung der Temperatur einer Luftmasse bei wechselnden Druckverhältnissen

Hilfsmittel:

Elektronisches Thermometer mit Meßfühler, Erlenmeyerkolben mit seitlichem Schlauchanschlußrohr, Saug- und Gebläseball

Vorbereitung:

In den Verschlußstopfen eines Erlenmeyerkolbens wird ein Gewinderohr eingepaßt. Eine Schraubverbindungskappe (mit Bohrung) preßt eine Silikondichtung (Septa) auf das Rohr. Mit dem Meßfühler eines elektronischen Thermometers (möglichst mit Anzeige von Zehntelgraden) durchstößt man die Silikondichtung. An dem seitlichen Schlauchanschlußstück des Erlenmeyerkolbens wird über eine Schlauchleitung ein kombinierter Saug- und Gebläseball angeschlossen.

Durchführung:

Wenn aus dem Gefäß Luft abgesaugt wird, sinkt die Temperatur sofort. Wird nach Umstecken des Saug- und Gebläseballes Luft in den Kolben hineingepumpt, steigt die Temperatur deutlich um mehrere Grade an.

Zeitaufwand:

ca. 10 - 15 Min.

Versuchsergebnis:

Gerät Luft unter Druck, steigt die Temperatur. Sie sinkt, wenn die Luft sich ausdehnt. Daher sinkt die Temperatur mit zunehmender Höhendistanz zum Erdboden; sie steigt, wenn sie durch Abwärtsbewegung unter Druck gerät (adiabatische Temperaturveränderungen bei Föhn; dynamische Erwärmung und Austrocknung der Luft durch Abstieg und Druckerhöhung im Bereich der Wendekreiswüsten).

Bes. Hinweise:

Der im Foto abgebildete Schlauch mit Absperrhahn (aus dem Verschlußstopfen heraustretend) erleichtert die Druckentlastung, ist aber nicht zwingend notwendig, da das Ausströmen der Luft auch durch Anheben des Verschlußstopfens geschehen kann.
Bei der Druckverstärkung im Erlenmeyerkolben ist unbedingt der Verschlußstopfen fest in die Öffnung zu pressen.

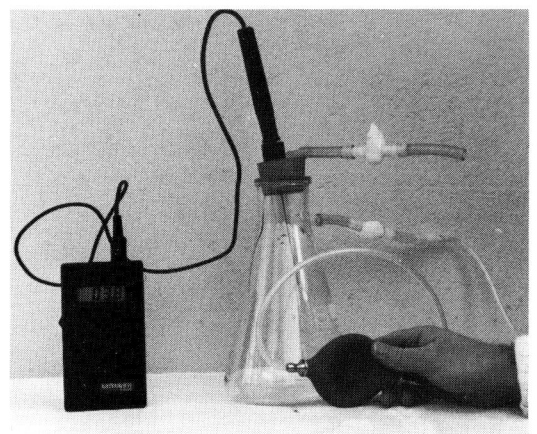

Druckverminderung: 3,8°C

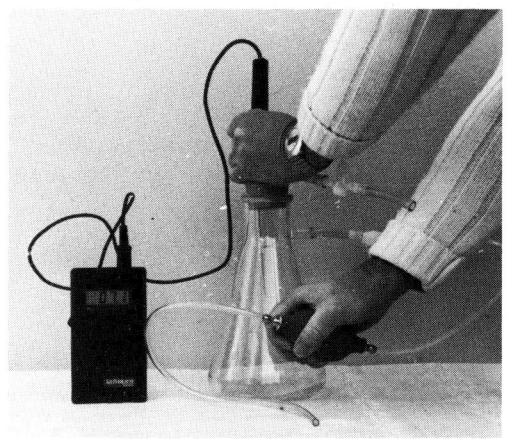

Druckerhöhung: 7,1°C

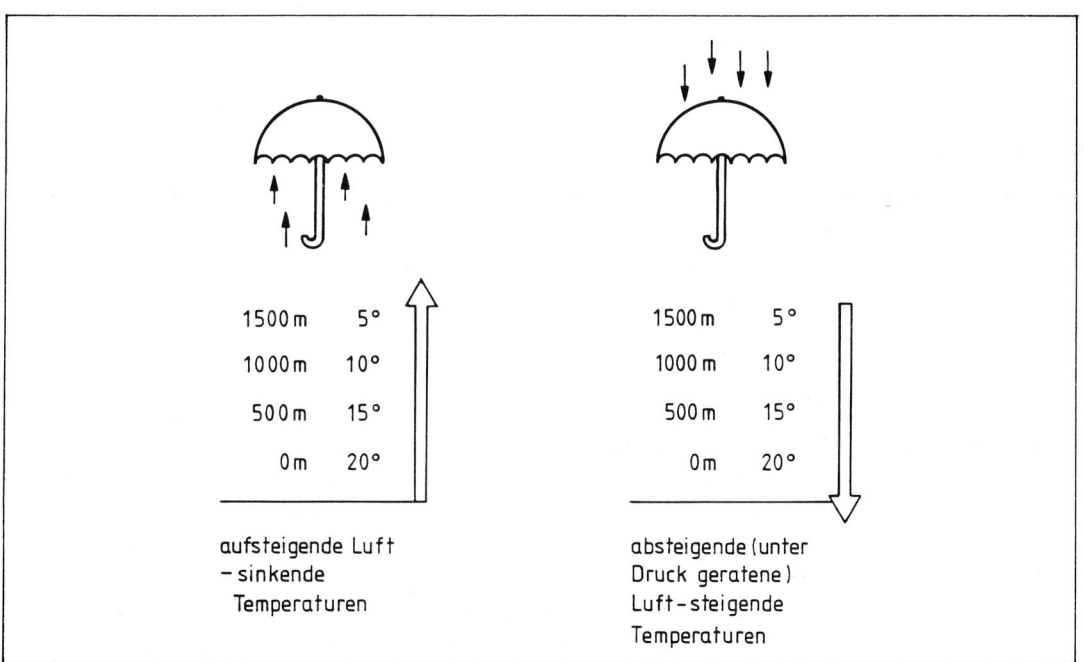

1500 m	5°		1500 m	5°
1000 m	10°		1000 m	10°
500 m	15°		500 m	15°
0 m	20°		0 m	20°

aufsteigende Luft
– sinkende
Temperaturen

absteigende (unter
Druck geratene)
Luft - steigende
Temperaturen

Temperaturgradient trockener Luft: 1°/100 m
Temperaturgradient feuchter Luft: 0,5°/100 m

Inversion

Inhalt:	Die Temperatur in der Troposphäre nimmt im allgemeinen von unten nach oben ab. Bei besonders starker Ausstrahlung vom Boden kann es zu einer Temperaturumkehr (Inversion) kommen.
Hilfsmittel:	größeres Glas, Strohhalm, Zigarette, Streichhölzer, Tauchsieder
Vorbereitung:	keine
Durchführung:	Das obere Luftdrittel im Glas durch kurzes Hineinhalten eines Tauchsieders erwärmen. Durch Strohhalm vorsichtig Zigarettenqualm auf den Glasboden blasen.
Zeitaufwand:	3 - 5 Min.
Versuchsergebnis:	Der kältere Zigarettenqualm bleibt unter der oberen erwärmten Luftschicht liegen. Aufstieg und Durchmischung der Luftmassen erfolgen bei dieser stabilen Schichtung nicht. In der Atmosphäre führt die Inversion insbesondere über Industriegebieten zu einer ungesunden Belastung der bodennahen Luftschichten mit Schadstoffen.
Bes. Hinweise:	Stellt man das Glas auf eine Heizfläche, wird die normale labile Schichtung mit entsprechender Vermischung und Aufstieg der Luftpakete sofort hergestellt.

Warmluft überlagert Kaltluft. Deshalb keine Luftzirkulation. Anreicherung von Schadstoffen in der bodennahen Kaltluft.

100

Strohhalm ins Glas stecken, oberes Luftdrittel im Glas mit Tauchsieder erwärmen, vorsichtig Zigarettenqualm einblasen = stabile Inversionsschichtung

Erwärmung von unten = Zirkulation der Luft und Aufstieg des Qualms (Auflösung der Inversion)

Luftverschmutzung registrieren

Inhalt: Feststellung unterschiedlichen Schadstoffanfalls (feste Partikel) in verschiedenen Stadtgebieten

Hilfsmittel: doppelseitiges Klebeband

Vorbereitung: Klebeband auf beliebige Unterlage kleben.

Durchführung: Schüler aus unterschiedlichen Wohngebieten legen das Klebeband für einen Tag ins Freie. Vergleich der Partikelmengen mit Lupe oder Mikroskop.

Zeitaufwand: s.o.

Versuchsergebnis: Die Lage der Meßstelle zu verkehrsreichen Straßen, Industrie- oder Wohngebieten usw. differenziert das Ergebnis stark. Sensibilisierung für die Sauberkeit der Luft.

Bes. Hinweise: Das Registrieren der Schadstoffe sollte häufiger wiederholt werden. Insbesondere sind unterschiedliche Windverhältnisse zu berücksichtigen.

Meßstellen im Stadtgebiet

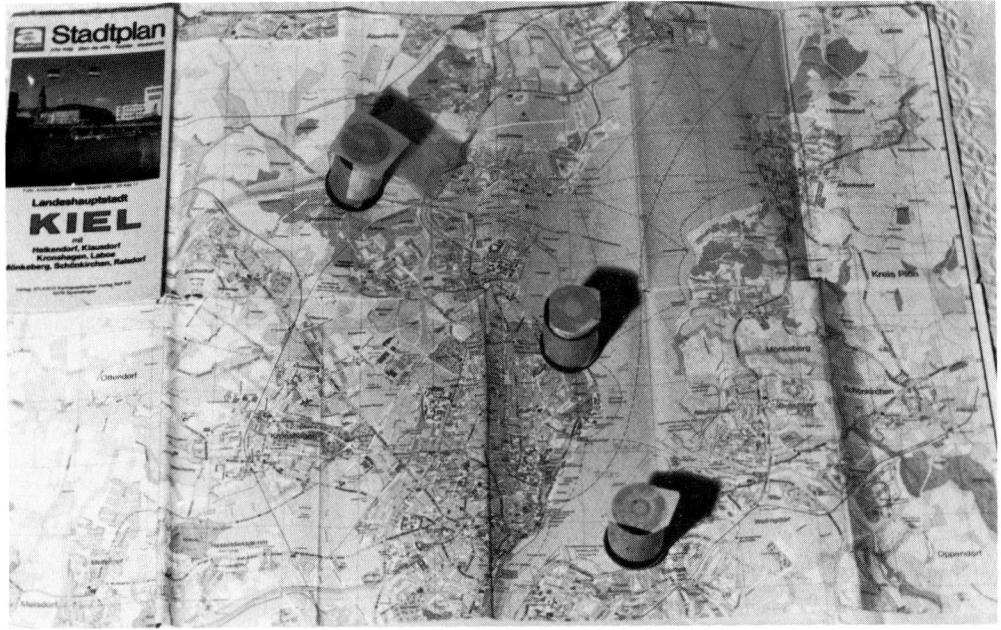

Je höher der Schad-
stoffanteil der
Luft, um so mehr
Kondensationskerne
für die Wolken-
und Niederschlags-
bildung; d.h. we-
niger Sonne und
mehr Niederschlag

Luftausdehnung bei Erwärmung I

Inhalt:
: Die Erwärmung der Luft führt zur Luftauflockerung (Ausdehnung) und zum Aufstieg der Luftteilchen. Dieser Vorgang soll ebenso wie sein Gegenstück (Abkühlung und Zusammenziehen der Luft) sichtbar gemacht werden.

Hilfsmittel:
: Flasche (Limonadenflasche oder ä.), Luftballon, Heizung und kaltes Wasser, Schüssel

Vorbereitung:
: Luftballon auf Flaschenhals stülpen, Flasche in Schüssel stellen

Durchführung:
: Heißes Wasser über die Flasche gießen. Der zunächst seitlich herabhängende Luftballon füllt sich mit Luft, bis er senkrecht über der Flasche steht. Bei anschließender Verwendung von kaltem Wasser weicht die Luft aus dem Ballon in die Flasche zurück.

Zeitaufwand:
: 5 Min.

Versuchsergebnis:
: Erwärmte Luft dehnt sich aus und steigt auf. In kalter Luft verdichten sich die Luftteilchen und sinken herab. Als Folge sinkt der Luftdruck in warmer aufsteigender Luft; er steigt in kalter absinkender Luft.

Bes. Hinweise:
: Statt die Flasche abwechselnd heiß/kalt zu begießen, kann sie in "Wechselbäder" gestellt werden.

Luftausdehnung bei Erwärmung II

Inhalt:	Nachweis der Ausdehnung erwärmter Luft in einem Flaschenversuch
Hilfsmittel:	Leere Brauseflasche, Geldstück (Groschen)
Vorbereitung:	keine
Durchführung:	Flaschenöffnung befeuchten und mit Geldstück verschließen, mit Händen die Flasche umfassen, Innenluft dehnt sich infolge der Erwärmung aus, hebt die Münze und entweicht, der Groschen fällt klappernd auf die Öffnung zurück.
Zeitaufwand:	ca. 3 Min.
Versuchsergebnis:	Bei Erwärmung nimmt Luft einen größeren Raum ein. Da die Ausdehnung der Flaschenluft durch die Münze behindert wird, muß der Druck der Luft den Gegendruck der Münze überwinden. Dies geschieht nach ausreichender Erwärmung und Ausdehnung, und die Luft strömt aus dem Flaschenhals, nachdem sich das Geldstück wie ein Ventil geöffnet hat.
Bes. Hinweise:	Noch eindrucksvoller läßt sich der Versuch mit warmem Wasser gestalten. Stellt man die Flasche ins Wasserbad, beginnt die Münze munter zu hüpfen.

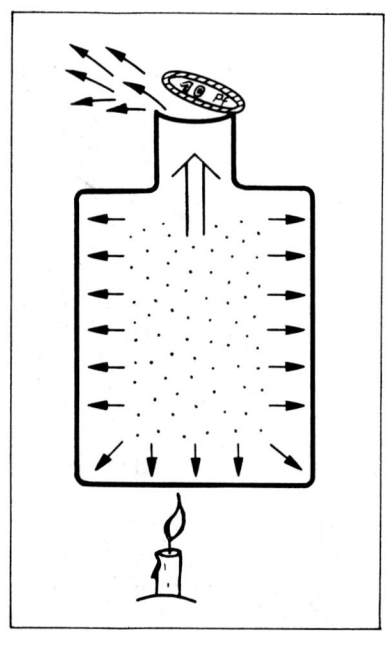

Elastizität der Luft

Inhalt:	Luft läßt sich zusammenpressen.
Hilfsmittel:	Fahrradpumpe
Vorbereitung:	keine
Durchführung:	Pumpe auseinanderziehen, Luftaustrittsöffnung mit Daumen verschließen, Pumpe zusammenschieben. Gegen spürbaren Widerstand läßt sich die Luft im Pumpenkanal zusammenpressen.
Zeitaufwand:	1 - 2 Min.
Versuchsergebnis:	Luft ist elastisch, Luft läßt sich verdichten. In der Atmosphäre sorgt die Last der höheren Luftschichten für höheren Luftdruck (Luftteilchendichte) in bodennahen Luftschichten.
Bes. Hinweise:	keine

Die Dichte der Luftteilchen nimmt mit der Höhe ab.

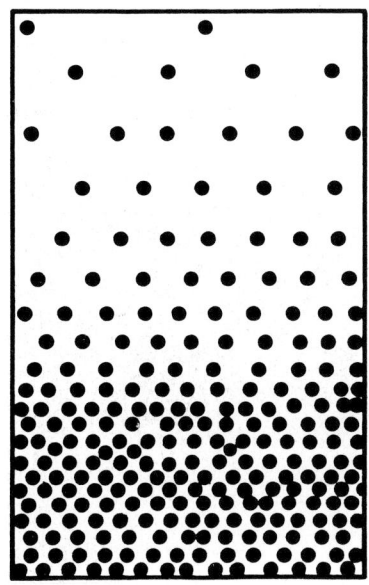

Luft nimmt Raum ein (Korken unter Wasser drücken)

Inhalt: Das Kunststück, einen Korken berührungslos unter Wasser zu drücken, gelingt, wenn man von der Tatsache ausgeht, daß Luft Raum einnimmt und sich nur verdrängen läßt, wenn sie entweichen kann.

Hilfsmittel: Glas- oder Plexiglasbecken, Wasserglas, Korken, Wasser

Vorbereitung: Becken mit Wasser füllen, Korken schwimmen lassen.

Durchführung: "Leeres" - in Wirklichkeit luftgefülltes - Wasserglas senkrecht über den Korken stülpen und bis zum Beckengrund absenken. Der Korken wird berührungslos bis zum Boden gedrückt.

Zeitaufwand: ca. 3 Min.

Versuchsergebnis: Die Luft im Wasserglas nimmt Raum ein. Da sie nicht entweichen kann, drückt sie den Korken herab. Luft ist daher ein real existierender "Gegenstand", der eine Kraft ausüben kann.

Bes. Hinweise: Vor der Versuchsdurchführung sollten die Schüler möglichst eigene Vorschläge machen und ausprobieren dürfen, wie der Korken berührungslos unter Wasser zu drücken ist.

Der "Gegenstand" Luft drückt den Korken auf den Grund.

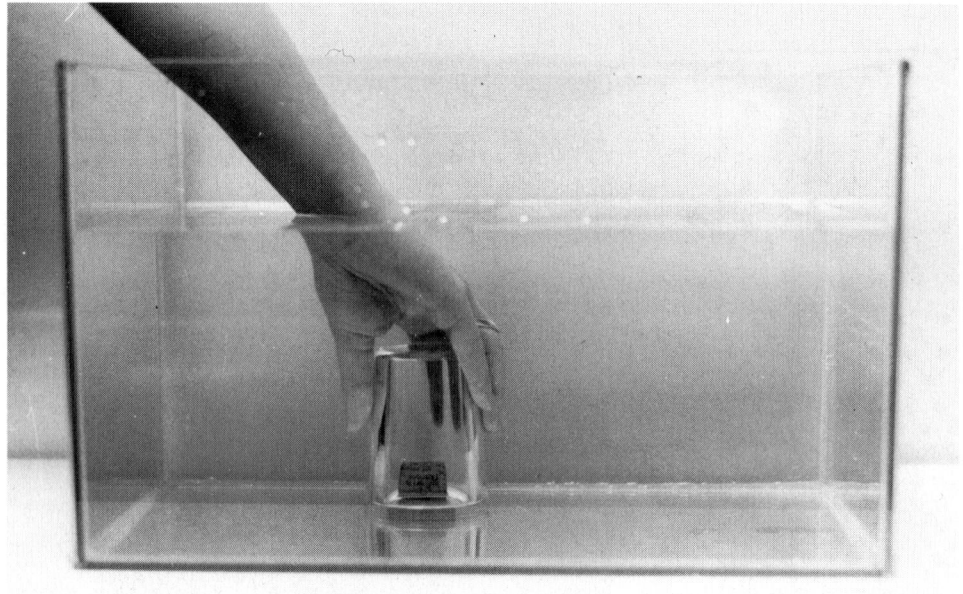

Luft nimmt Raum ein (Luft umfüllen)

Inhalt:	Die Tatsache, daß Luft Raum einnimmt, ist bereits im vorausgehenden Experiment deutlich geworden. Hier soll gezeigt werden, daß Luft sogar Wasser aus einem Glas verdrängen kann.
Hilfsmittel:	Glas- oder Plexiglasbecken, 2 Gläser, Wasser
Vorbereitung:	Becken mit Wasser füllen.
Durchführung:	Ein Glas - mit Wasser gefüllt - schräg unter Wasser halten. Das zweite Glas senkrecht mit der Öffnung nach unten so unter Wasser drücken, daß kein Wasser eindringen kann. Das "leere" Glas vorsichtig kippen, so daß die Luft in das wassergefüllte Glas gelangt. Das Wasserglas füllt sich unter Verdrängung des Wassers mit Luft; die entweichende Luft aus dem luftgefüllten Glas wird durch Wasser ersetzt.
Zeitaufwand:	ca. 5 Min.
Versuchsergebnis:	Luft ist gegenständlich. Sie kann Wasser verdrängen.
Bes. Hinweise:	Die umgefüllte Luft unter Wasser wieder in ihr Ursprungsgefäß zurückkippen, und den Versuch von mehreren Schülern ausführen lassen.

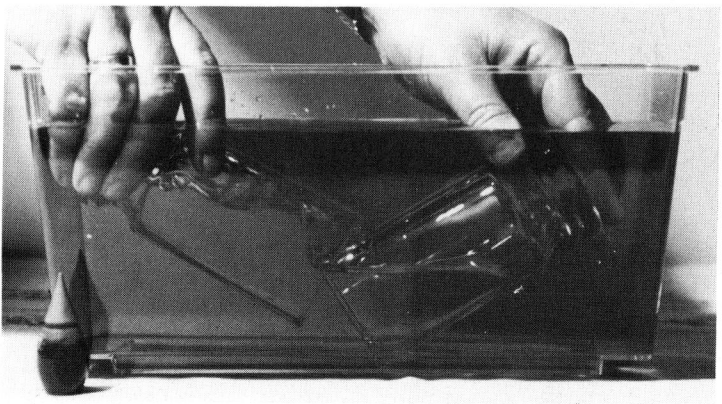

> Luft <u>ist unsichtbar</u>
> Luft <u>nimmt Raum ein</u>
> Luft <u>kann Wasser verdrängen</u>

Luftdruck I (Pumpfix-Versuch)

Inhalt: Ziel des Versuches ist es, die Wirkung von Luftdruckunter-
                       schieden aufzuzeigen.

Hilfsmittel: Chromplatte oder irgendeinen Gegenstand mit glatter Ober-
                       fläche, Pumpfix (Gummisauger)

Vorbereitung: keine

Durchführung: Den Gummisauger auf die Platte drücken und anheben. Der Ge-
                       genstand bleibt am Pumpfix haften.

Zeitaufwand: 1 - 2 Min.

Versuchsergebnis: Da aus dem Gummisauger Luft entweicht, entsteht ein Unter-
                       druck, so daß die Platte vom höheren Außendruck fest an den
                       Pumpfix gepreßt wird.

Bes. Hinweise: keine

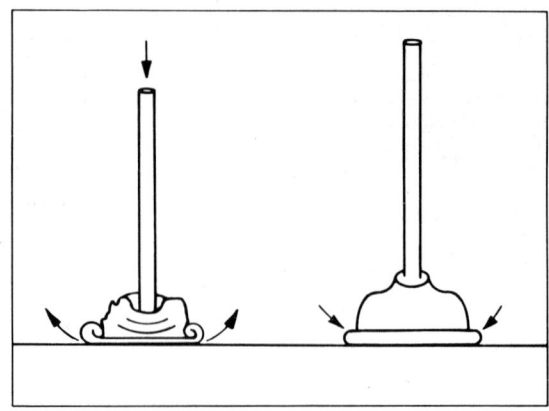

Luftdruck II (Luftdruck ist höher als Wasserdruck)

Inhalt: Daß Luft einen Druck ausübt und sogar verhindert, daß Wasser
                  aus einem Gefäß läuft, wenn man es auf den Kopf stellt, un-
                  terstreicht dieser Versuch.

Hilfsmittel: kleines Glas (Schnapsglas o.ä.), Wasser, kleines Blatt Papier

Vorbereitung: keine

Durchführung: Glas randvoll mit Wasser füllen, Blatt Papier darüberlegen,
                  Glas kippen, Papier bleibt haften, Wasser läuft nicht aus.

Zeitaufwand: 2 Min.

Versuchsergebnis: Der Luftdruck ist höher als der Wasserdruck. Er preßt das Pa-
                  pier gegen den Glasrand und verhindert ein Ausfließen des
                  Wassers.

Bes. Hinweise: Kein zu großes Glas wählen!

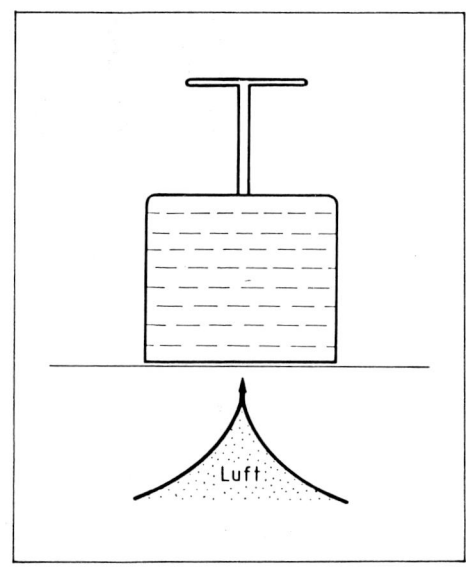

Luftdruck III (Tischtennisball aus Trichter blasen)

Inhalt:	Einen Tischtennisball aus einem Trichter zu blasen, scheint leicht zu sein. Es gelingt trotz größter Anstrengung nicht.
Hilfsmittel:	Trichter, Tischtennisball
Vorbereitung:	keine
Durchführung:	Trichter nach oben halten und versuchen, den Ball herauszublasen.
Zeitaufwand:	ca. 2 - 3 Min.
Versuchsergebnis:	Die Luft strömt mit hoher Geschwindigkeit seitlich am Ball vorbei. Hierdurch entsteht unter und neben dem Ball ein Unterdruck, während höherer Luftdruck von oben auf dem Tischtennisball lastet. Je kräftiger geblasen wird, um so größer ist die Druckdifferenz, die für das Verbleiben des Balles im Trichter sorgt.
Bes. Hinweise:	keine

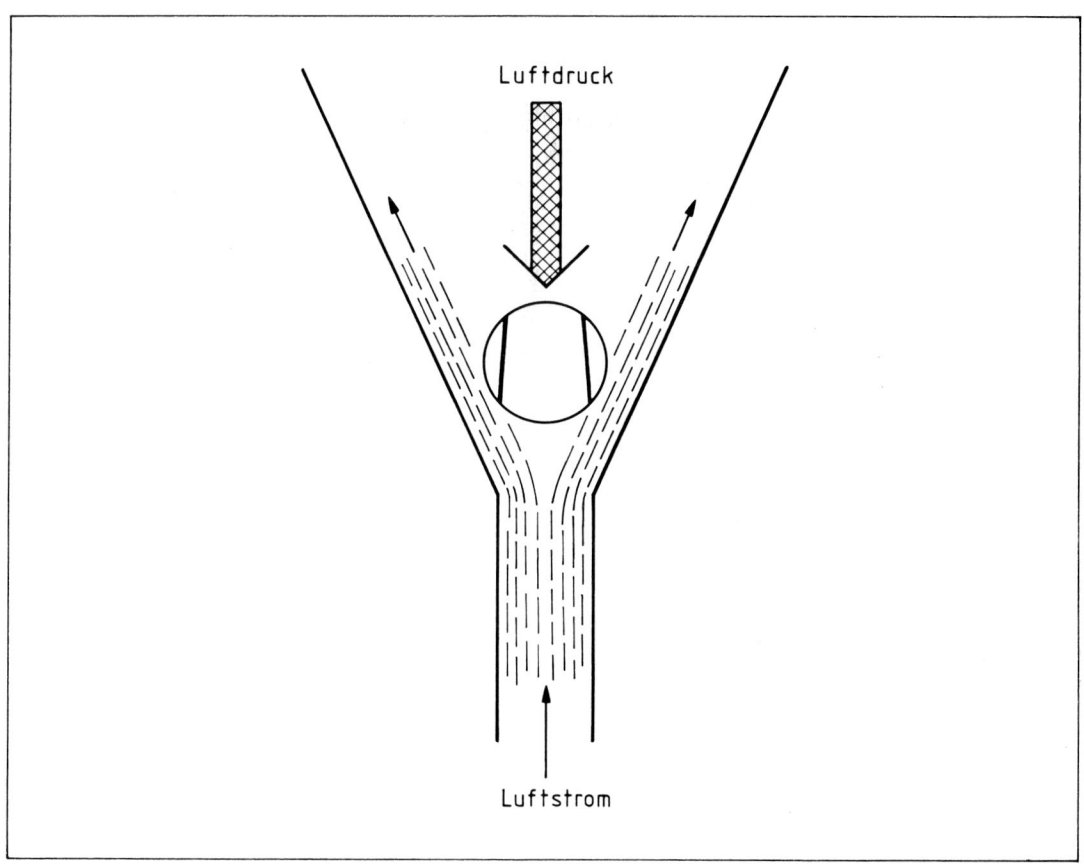

Luftdruck IV (Papier überblasen)

Inhalt:	Die Wirkung des Luftdrucks durch Überblasen eines Zettels demonstrieren.
Hilfsmittel:	Blatt Papier, Bleistift
Vorbereitung:	keine
Durchführung:	Blatt Papier über Bleistift knicken, an die Unterlippe setzen und darüber hinwegblasen. Das Papier hebt sich aus der Senkrechten in die Waagerechte.
Zeitaufwand:	2 Min.
Versuchsergebnis:	Die Luft über dem Papier wird durch Pusten in Bewegung versetzt. Dadurch sinkt der Luftdruck über dem Papier, und der Druck von unten hebt das Papier in die Waagerechte. Aus dem demonstrierten Grunde fliegt ein Flugzeug, da die Strömungsgeschwindigkeit an der gewölbten Tragflächenoberseite größer ist als darunter.
Bes. Hinweise:	keine

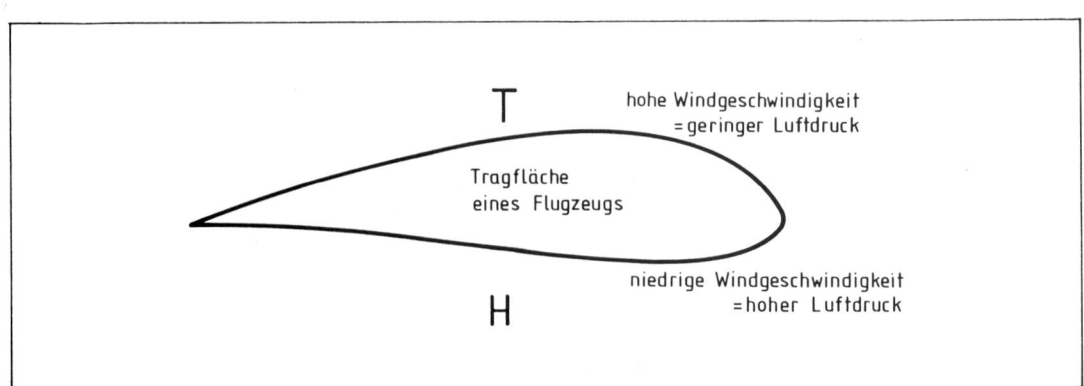

T

hohe Windgeschwindigkeit
=geringer Luftdruck

Tragfläche
eines Flugzeugs

niedrige Windgeschwindigkeit
=hoher Luftdruck

H

Luftdruck V (Kerze als Wasserpumpe)

Inhalt: Durch Verbrennen von Sauerstoff in einem umgestülpten Glas entstehen unterschiedliche Luftdruckverhältnisse innerhalb und außerhalb des Glases. Bei entsprechendem Versuchsaufbau wird Wasser in das Glas gepumpt.

Hilfsmittel: Trinkglas oder Weithalsflasche, Untertasse, Kerzenstummel, Streichhölzer, Wasser, Speisefarbe

Vorbereitung: Kerze mit Wachstropfen an Untertasse befestigen, Untertasse mit Wasser füllen, einige Tropfen Speisefarbe dem Wasser beifügen (dient dem besseren Sichtbarmachen des Vorgangs).

Durchführung: Kerze anzünden, Glas darüberstülpen.

Zeitaufwand: weniger als 5 Min.

Versuchsergebnis: Die Flamme verbrennt den Sauerstoff im Glas. Die Luftteilchendichte nimmt ab. Der Luftdruck im Glas verringert sich. Der Luftdruck außen ist konstant geblieben. Durch das Druckgefälle von außen nach innen steigt das gefärbte Wasser in das Glas. Das Ausweichen der Wasserteilchen vom hohen Druck zum tieferen Druck entspricht der Strömungsrichtung von Luftteilchen in der Atmosphäre.

Bes. Hinweise: Die Kerzenflamme erlischt, sobald der Sauerstoff im Glas verbraucht ist. Die Bedeutung des Sauerstoffs für Verbrennungsvorgänge aller Art sollte geklärt werden.

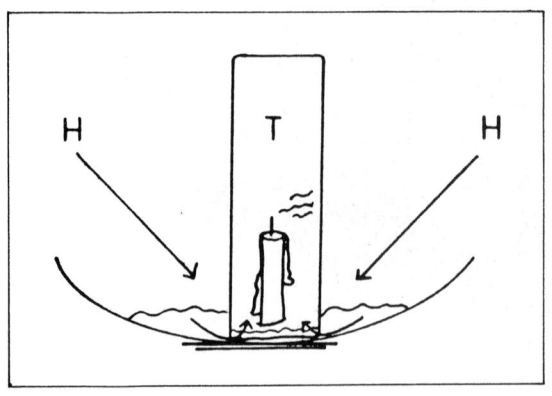

Tiefer Druck im Glas (Luftverbrennung), aber hoher Außendruck: Wasser dringt ins Glas ein.

Luftdruck VI (Luft hat Gewicht)

Inhalt: Schlagen wir an einer Tischkante mit einem kurzen Handkantenschlag auf ein überstehendes, dünnes, langes Brett, über dem
wir einige Doppelseiten einer Zeitung ausgebreitet haben,
dann bleibt die Zeitung fast unverrückt liegen, während das
Brett unter der Wucht des Schlages bricht.

Hilfsmittel: Zeitung, dünnes Sperrholzbrett (etwa die Dicke des Deckels
einer Zigarrenschachtel, ca. 50 cm lang, ca. 10 cm breit),
Tisch

Vorbereitung: Sperrholzbrett zu 2/3 auf den Tisch legen, Doppelseiten einer
Zeitung darüber ausbreiten.

Durchführung: Mit kurz angesetztem, kräftigen Faust- oder besser Handkantenschlag auf das überstehende Drittel des Brettes schlagen.
Das Brett bricht. Die Zeitung bleibt liegen.

Zeitaufwand: 3 - 5 Min. (mit Wiederholung)

Versuchsergebnis: Luft lastet auf der relativ großen Zeitungsoberfläche. Bei
blitzschnellem Schlag auf das Brett wird die Zeitung nicht
vom Tisch gewirbelt, weil die Reaktionszeit für die darüber
lastende Luft zu kurz ist, um ihr ein Ausweichen nach oben zu
ermöglichen. Infolge des Luftdrucks hält die Zeitung das
Brett auf der Tischoberfläche fest; es kann beim Schlag nicht
entweichen und bricht. Luft drückt also; Luft hat ein Gewicht.

Bes. Hinweise: keine

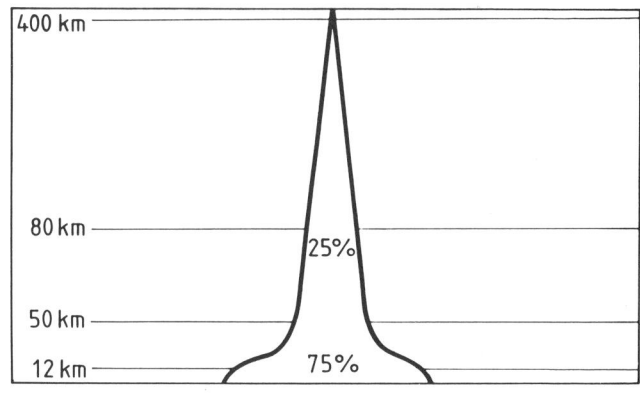

Bei einem kräftigen Handkantenschlag bricht das Brett; die Zeitung bleibt unverrückt liegen.

Die größte Luftteilchendichte
in der Atmosphäre herrscht in
den bodennahen Luftschichten.
(Elastizität der Luft, höchster
Druck am Boden)

```
400 km ─────────────────────────
                        │
                        │
                        │
                        │
                        │
 80 km ─────────────────┤
                     25%│
 50 km ─────────────────┤
 12 km ──────── 75% ────┘
```

Entstehung von Tiefdruckgebieten

Inhalt:	Tiefdruckgebiete beziehen ihre Energie aus dem Nebeneinanderfließen warmer und kalter Luftmassen. Die Wirkung einer solchen Energiequelle soll im Glasbecken gezeigt werden.
Hilfsmittel:	Ein Glasbecken (mindestens 50 cm lang), eine Trennscheibe, 2 Wasserthermometer, Wasser, Speisefarbe
Vorbereitung:	Trennscheibe entsprechend der Beckengröße vom Glaser zuschneiden lassen. Über die Ränder der Scheibe einen aufgeschnittenen Luftschlauch für Aquarienpumpen aufziehen, damit gute Abdichtung gewährleistet ist. Scheibe einsetzen.
Durchführung:	In beide Beckenhälften gleichzeitig Wasser einfüllen. In die eine Hälfte warmes Wasser, in die andere kaltes Wasser. Das warme Wasser mit Speisefarbe rot färben. Temperaturunterschiede mit 2 Thermometern feststellen. Trennscheibe vorsichtig herausheben. Das kalte Wasser unterwandert das warme Wasser. Dieses wiederum strömt oberflächlich über das kalte Wasser. Im Endstadium liegt das warme Wasser mit ausgebildeter Grenzschicht über dem kalten Wasser.
Zeitaufwand:	10 Min. für Durchführung
Versuchsergebnis:	Die beobachteten Vorgänge entsprechen den Erscheinungen an der Kaltfront (kalte Luft bricht in Bodennähe in Warmluft ein und zwingt sie zum Aufsteigen) und an einer Warmfront (warme Luft gleitet in der Höhe über kühlere Luft).
Bes. Hinweise:	Die Trennscheibe wird vom Glaser in der Regel sofort zugeschnitten. Kosten ca. DM 3,00 - 5,00. Vor dem Entfernen der Scheibe sollte sich das Wasser in beiden Beckenhälften einigermaßen beruhigt haben.

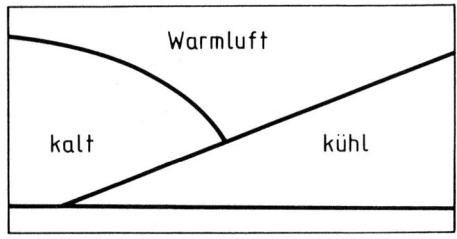

Okklusion (Auflösung einer Zyklone, vgl. Abb. 3 des Experimentes)

1. links warm, rechts kalt

2. kaltes Wasser unterwandert warmes Wasser, warmes Wasser schiebt sich über
   kaltes Wasser

3. stabile Endschichtung:
   warmes Wasser mit geringerem spezifischen Gewicht überlagert kaltes Wasser

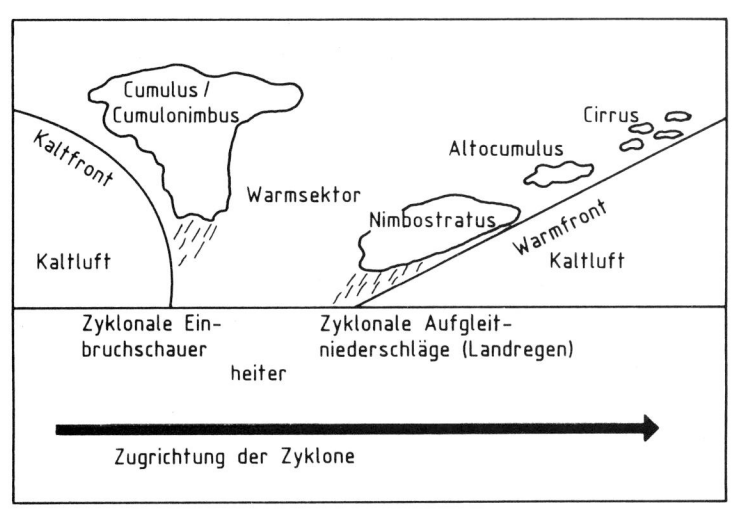

Das Frontensystem einer Zy-
klone. Die Kaltfront wird die
Warmfront einholen. Dieser
Vorgang führt zur Auflösung
(Okklusion) der Zyklone.

Strömung zwischen kalter und warmer Luft

Inhalt: Der Versuch beweist die Ausgleichsströmung zwischen warmer
                   (leichter) und kalter (schwerer) Luft.

Hilfsmittel: Kerze, Streichholz

Vorbereitung: keine

Durchführung: Kerze anzünden und auf den Boden vor die geöffnete Klassen-
                   raum-/Flurtür stellen. Kerzenflamme zeigt in Richtung wärme-
                   ren Klassenraum. Anschließend Kerze in 2 m Höhe unter den
                   Türrahmen halten. Flamme weist in Richtung kälteren Flur.

Zeitaufwand: ca. 3 Min.

Versuchsergebnis: Die kalte und deshalb schwere Flurluft drückt in Bodennähe in
                   den Klassenraum hinein. Die warme und deshalb leichte Klas-
                   senraumluft fließt als Ersatz der ausgequollenen kälteren
                   Luftmassen in den Flur hinaus. Vergleich mit Land- und See-
                   windzirkulation.

Bes. Hinweise: Temperaturunterschiede im Raum am Boden und unter der Decke
                   messen; Differenz ca. 3 - 5 Grad Celsius.

Land- und Seewind-Zirkulation über einer Insel

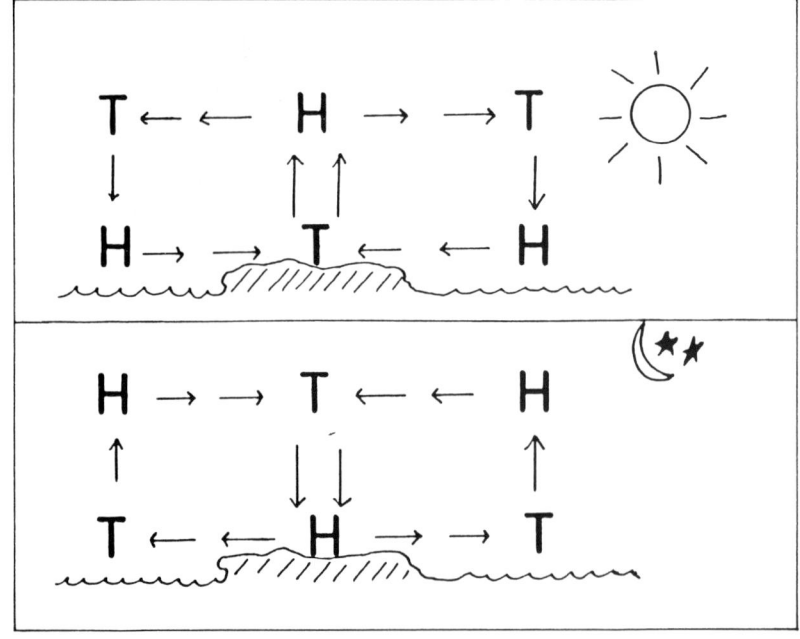

Die Flamme weist aus dem warmen Raum in den kalten Flur.

Am Boden dringt Kaltluft in das warme Zimmer.

Corioliskraft

Inhalt:	Durch die Rotation der Erde werden wandernde Luftmassen aus ihrer Richtung abgelenkt. Demonstration des Weges eines Luftteilchens vom Äquator nach Norden.
Hilfsmittel:	Schreibglobus, Kreide
Vorbereitung:	keine
Durchführung:	Bei stillstehender Erde und einem Druckgefälle von Süd nach Nord wandert ein Luftteilchen auf direktem Wege nach Norden. Setzt man die Kreide am Äquator an und bewegt sie in Richtung Nordpol bei gleichzeitiger W-O-Drehung der Erde, wird die Bahn des Luftteilchens nach Osten abgelenkt.
Zeitaufwand:	ca. 3 - 5 Min.
Versuchsergebnis:	Die Corioliskraft ist eine Scheinkraft, die Luftströmungen aus ihrer Richtung ablenkt. Auf der Nordhalbkugel nach rechts, auf der Südhalbkugel nach links.
Bes. Hinweise:	keine

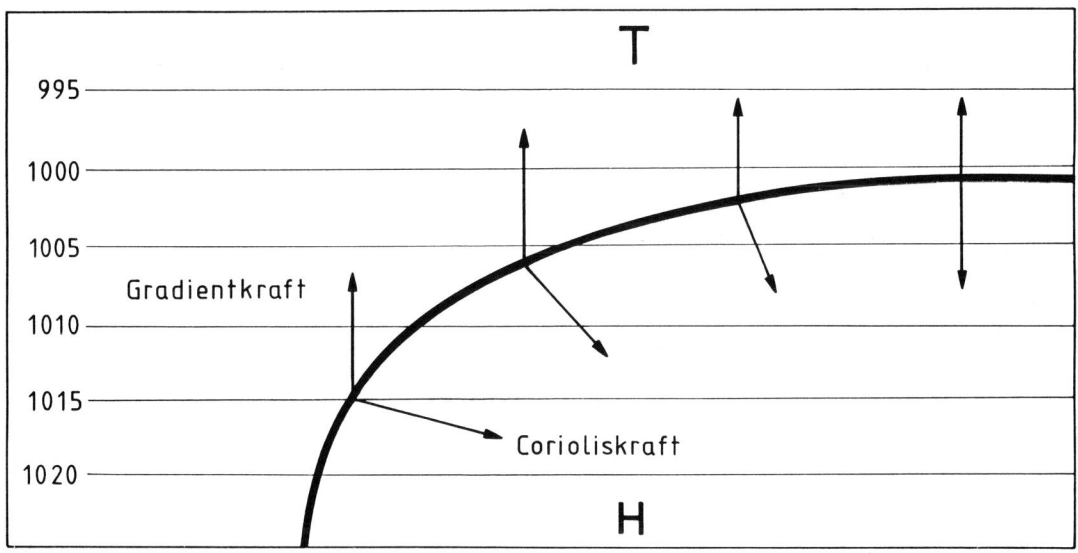

Unter dem Einfluß der Corioliskraft wird ein Luftteilchen auf seinem Weg vom hohen Druckfeld zum tiefen Druck nach rechts abgelenkt (auf der Nordhalbkugel).

Wirbelsturm

Inhalt:	Ein Wirbelsturm ist eine sich extrem rasch drehende Zyklone. Im Wassereimer sind wichtige Details eines Wirbelsturmes sichtbar zu machen.
Hilfsmittel:	Eimer, Wasser
Vorbereitung:	Eimer zu 3/4 mit Wasser füllen.
Durchführung:	Wasser mit kräftigen Kreisbewegungen der Hand in rotierende Bewegung versetzen. Hand aus dem Wasser ziehen und Wirbel beobachten.
Zeitaufwand:	2 - 3 Min.
Versuchsergebnis:	Die Zentrifugalkraft drückt das Wasser (bzw. die Luft) nach außen. Es bilden sich kreisförmige Wolkenbänder. Der nach außen gerichteten Zentrifugalkraft entspricht das "Auge" im Zentrum des Wirbelsturms.
Bes. Hinweise:	keine

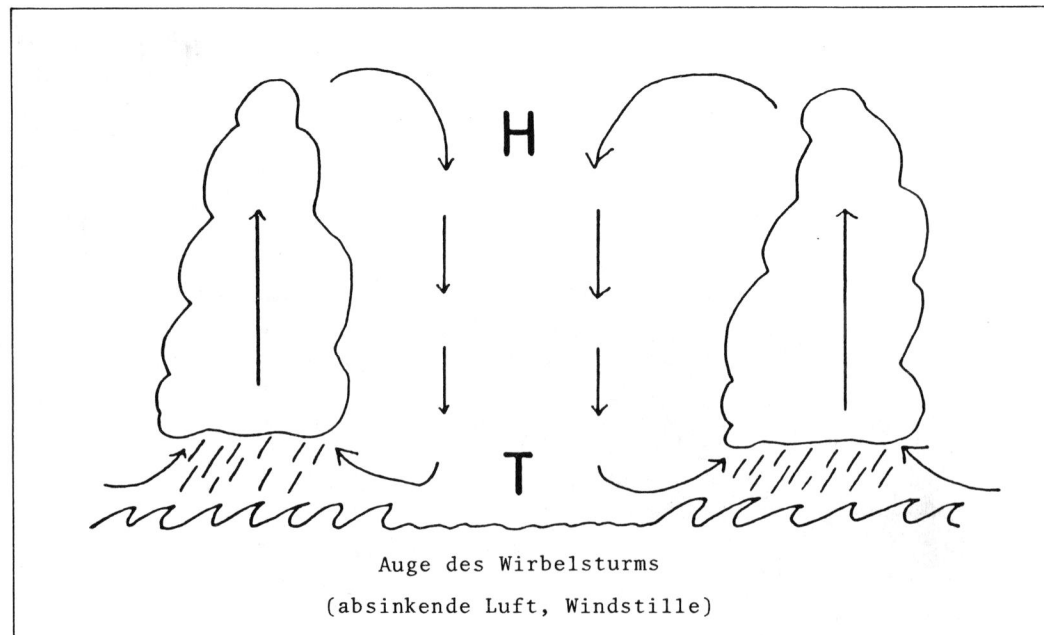

Auge des Wirbelsturms

(absinkende Luft, Windstille)

Kondensation an Fensterscheibe

Inhalt: Die Luftfeuchtigkeit ist im allgemeinen als unsichtbarer Wasserdampf in der Luft vorhanden. Ziel ist es, den Wasserdampf durch Kondensation sichtbar zu machen und zu begründen, wie es zur Tröpfchenbildung kommt.

Hilfsmittel: Fensterscheibe

Vorbereitung: entfällt

Durchführung: Schüler hauchen ihren Atem an die Fensterscheiben des Klassenraumes. Die warme Atemluft schlägt sich als Kondensationsfleck an den Scheiben nieder.

Zeitaufwand: 1 Min.

Versuchsergebnis: Abkühlung von Luft führt bei ausreichendem Wasserdampfgehalt zur Kondensation.

Bes. Hinweise: Ein Schüler sollte vor dem Versuch in den freien Klassenraum hauchen, wobei es zu keiner sichtbaren Tröpfchenbildung kommt. Die Bedeutung der Abkühlung wird dadurch besser erfaßt.

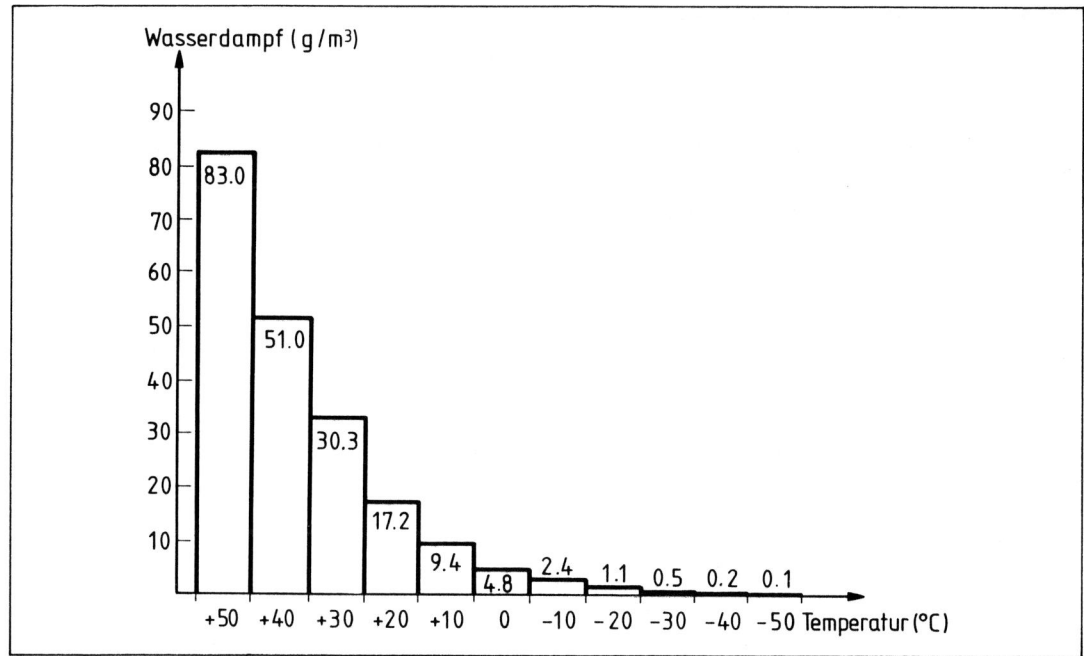

Die maximale Aufnahmefähigkeit der Luft für Wasserdampf steigt mit der Zunahme der Temperatur.

Kondensation am Chromgefäß

Inhalt:	Kondensation durch Abkühlung wärmerer Luft an einem kalten Chromgefäß
Hilfsmittel:	Chromgefäß (Topf, Kanne), Wasser, Eis
Vorbereitung:	Für Eisstückchen sorgen.
Durchführung:	Chromgefäß etwa zur Hälfte mit Wasser füllen, mehrere Eisstückchen hineingeben. Die Luftfeuchte wird außen am Topf bis zur Höhe des Wasserspiegels kondensieren.
Zeitaufwand:	je nach Temperaturdifferenz Eiswasser / Außenluft: wenige Minuten bis 1/4 Std.
Versuchsergebnis:	Die warme ungesättigte Raumluft kühlt an dem Topf mit Eiswasser ab und erreicht den Sättigungspunkt. Der zunächst unsichtbare Wasserdampf kondensiert am Topf. Der Zusammenhang zwischen Temperatur und Luftfeuchte wird deutlich.
Bes. Hinweise:	Je größer der Temperaturunterschied zwischen der Umgebungsluft und dem Eiswasser ist, um so schneller und intensiver erfolgt die Kondensation.

Luftfeuchtigkeit

absolut: Die Menge des tatsächlich meßbaren Wasserdampfes in Gramm pro Kubikmeter Luft (g/m^3)

maximal: Die höchste Menge von der Luft aufnehmbarer Feuchte, mit der Lufttemperatur steigend (g/m^3)

relativ: Das Verhältnis der absoluten zur maximalen Luftfeuchtigkeit (%)

Verdunstung I

Inhalt:	Das Trocknen einer Tafelfläche zeigt die Wirkung der Verdunstung.
Hilfsmittel:	Tafel, nasser Schwamm
Vorbereitung:	keine
Durchführung:	Teil einer Tafel mit Schwamm anfeuchten. Die Trocknung beobachten.
Zeitaufwand:	ca. 3 Min.
Versuchsergebnis:	Die Tafelnässe wird von der trockenen Raumluft absorbiert. Diesen Vorgang nennt man Verdunstung. Je höher die Temperatur und je niedriger die absolute Ausgangsfeuchte ist, um so größer ist die Verdunstungskraft (der Dampfhunger) einer Luftmasse.
Bes. Hinweise:	Evtl. die Trocknung durch Winderzeugung (Fön mit Kaltluftstufe) beschleunigen. Versuchswiederholung mit Fön auf höchster Heizstufe. Ergebnisse mit Stoppuhr festhalten. Erkenntnis der Bedeutung von Wind und Wärme für die Verdunstung.

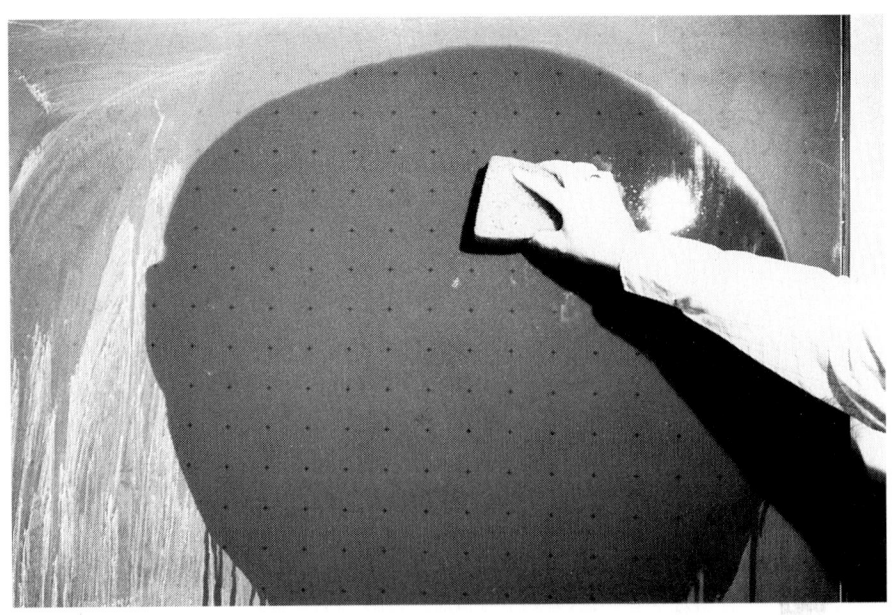

	absolute Feuchte	maximale Feuchte	relative Feuchte
Zentralsahara	4,5 g/m^3	51,2 g/m^3 (t=40°C)	8,8 %
Schleswig-Holstein	4,5 g/m^3	4,6 g/m^3 (t= 0°C)	98,0 %

Die Bedeutung der Temperatur und der relativen Feuchte im Vergleich eines ariden und eines humiden Gebietes auf der Basis gleicher absoluter Feuchtigkeitswerte

Verdunstung II

Inhalt:	Durch Verdunstung wird einer verdunstenden Fläche Wärme entzogen.
Hilfsmittel:	2 elektronische Thermometer, Wattebausch, Körperspray oder Toilettenwasser, Ventilator
Vorbereitung:	Ventilator anschließen, Thermometer nebeneinander aufstellen und auf einheitliche Temperatur angleichen.
Durchführung:	Wattebausch mit Körperspray oder ähnlichem benässen, um Meßfühler wickeln, beide Thermometer mit Ventilator belüften.
Zeitaufwand:	ca. 10 Min.
Versuchsergebnis:	Das feuchte Thermometer zeigt deutlich niedrigere Meßwerte, da die Verdunstung Wärme entzieht. Da der Alkohol aus dem Körperspray o.ä. besonders rasch verdunstet und der Ventilator den Vorgang weiter beschleunigt, erklärt sich hieraus die beträchtliche Temperaturdifferenz zwischen feuchtem und trockenem Thermometer.
Bes. Hinweise:	Der Versuch ist auch mit Wasser durchführbar. Dann entspricht der Versuchsaufbau einem Psychrometer (Verdunstungsmesser), mit dessen Hilfe die absolute Luftfeuchtigkeit festgestellt werden kann. Die Temperaturdifferenz liegt allerdings bei Verwendung alkoholhaltiger (flüchtiger) Flüssigkeiten deutlich höher.

trocken 16,6°C, feucht 9,5°C

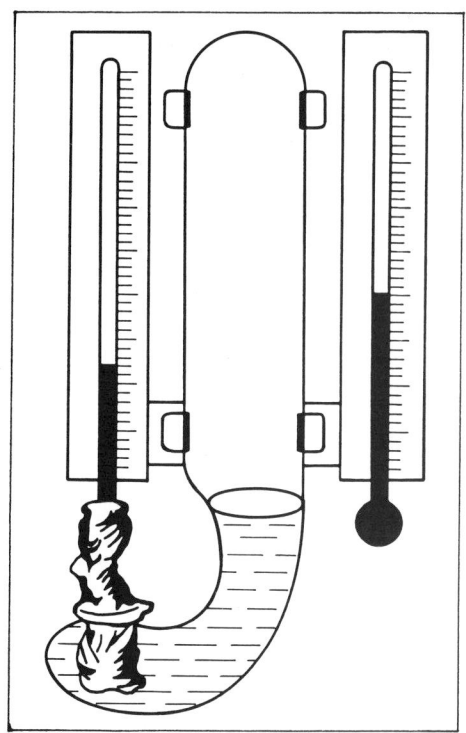

Aufbau eines Psychrometers (Verdunstungsmesser). Aus der Temperaturdifferenz feuchtes / trockenes Thermometer wird die absolute Luftfeuchtigkeit ermittelt.

Verdunstung III

Inhalt: Pflanzen verbrauchen Wasser und verdunsten es über ihre Blätter (Transpiration).

Hilfsmittel: Plastikbecken, Blumen oder frische Blätter, Wärmequelle

Vorbereitung: Pflanzen beschaffen.

Durchführung: Plastikbecken über Blätter stülpen, Wärmequelle auf den Behälter richten, das Beschlagen der Scheiben beobachten.

Zeitaufwand: ca. 10 Min.

Versuchsergebnis: Wahrnehmung der an sich unsichtbaren Transpiration von Pflanzen

Bes. Hinweise: Verwendung von ungeschützt verdunstenden Pflanzen (z.B. Gräser) und Hartlaubgewächsen bzw. Xerophyten im parallel oder hintereinander geschalteten Zeitversuch demonstriert die Schutzvorrichtungen der Xerophyten.

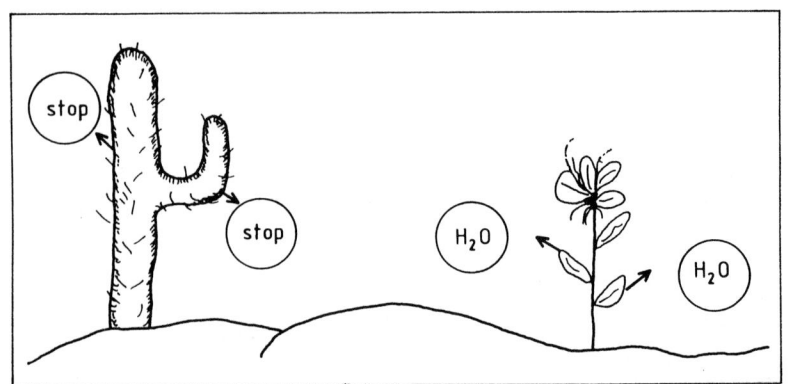

Starke Wasserabgabe bei ungehinderter Transpiration / eingeschränkter Wasserverlust durch Schutzvorrichtungen (s.u.) bei Xerophyten

---

Einrichtungen bei Pflanzen, die zur Wasserersparnis dienen:

1. Blätter sind klein, Außenwände verdickt und oft von einer Wachs-, Harz- oder Kalkschicht überzogen

2. Blattunterseite ist mit einer Schutzschicht aus Filz versehen

3. Wechselnde Stellung der Blätter zum Licht

4. Seitliches Einrollen der Blätter

5. Ausscheidung ätherischer Öle verringert die Verdunstung

6. Besonders tief- und weitreichende Wurzeln

7. Blätter werden zu wasserspeichernden Organen umgewandelt (Sukkulenz)

Wolkenbildung

Inhalt:	Herstellung einer künstlichen Wolke und nachfolgende Wolken-auflösung durch Druckveränderungen im Erlenmeyerkolben
Hilfsmittel:	Erlenmeyerkolben (1 Liter), Gummiverschluß mit einer Bohrung, Schlauch mit Druckball, Wasser, Zigarette
Vorbereitung:	Boden des Erlenmeyerkolbens mit temperiertem Wasser bedecken; zur Herstellung einer hohen Feuchtigkeitssättigung der Luft das Gefäß schütteln.
Durchführung:	Etwas Zigarettenrauch hineinblasen (Kondensationskerne); das Gefäß verschließen; mit Druckball den Luftdruck im Gefäß er-höhen; durch plötzlichen Druckausgleich (Öffnen des Ver-schlusses) erscheint sofort die Wolke; bei erneuter Druncker-höhung löst sich die Wolke rasch auf und bildet sich ebenso schnell wieder, wenn der Überdruck aus dem Kolben abgelassen wird.
Zeitaufwand:	ca. 10 Min.
Versuchsergebnis:	Steigender Luftdruck erhöht die Lufttemperatur und senkt die relative Feuchte. Bei sinkendem Luftdruck fällt die Tempera-tur und die relative Feuchte steigt. Geschehen diese Tempera-turveränderungen wie im vorliegenden Experiment rasch, kann der Wechsel von Kondensation bzw. Wolkenbildung und Wolken-auflösung mehrmals hintereinander eindrucksvoll demonstriert werden.
Bes. Hinweise:	Bei Druckerhöhung sind Gummiverschluß und Druckschlauch kräf-tig festzuhalten.

Höhe	Temp.	absolute Feuchte	maximale Feuchte	relative Feuchte
1500m	5°	6,8 g/cbm	6,8 g/cbm	100%
1000m	10°	6,8 g/cbm	9,4 g/cbm	72%
500m	15°	6,8 g/cbm	12,8 g/cbm	53%
0m	20°	6,8 g/cbm	17,3 g/cbm	39%

Luftfeuchte und Wolkenbildung / -auflösung bei sinkenden / steigenden Temperaturen

Druckerhöhung = Erwärmung = absinkende relative Feuchte = Wolkenauflösung

Druckerniedrigung = Abkühlung = steigende relative Feuchte = Kondensation bzw. Wolken

Entstehung von Gewitterwolken durch Thermik

Inhalt:	Wasserversuch zur Darstellung eines Warmluftstromes bis zur Tropopause. Er wird an der Sperrschicht der Tropopause im Aufstieg gestoppt und zu horizontaler, amboßförmiger Ausbreitung gezwungen.
Hilfsmittel:	Glasbecken, kleiner Erlenmeyerkolben (25 ml) oder Tuschefäßchen, Wasser, Speisefarbe
Vorbereitung:	Glasbecken mit kaltem Wasser füllen, Erlenmeyerkolben mit gefärbtem warmen Wasser füllen.
Durchführung:	Mit Gummipfropfen verschlossenen Erlenmeyerkolben vorsichtig auf den Beckenrand setzen, Gummipfropfen entfernen und die Hand zügig, aber ohne Hast aus dem Wasser ziehen. Die Hand sollte senkrecht gehalten werden, um Wasserwirbel zu vermeiden. Der Inhalt des Erlenmeyerkolbens steigt schlotförmig auf und breitet sich unter der Wasseroberfläche amboßförmig aus.
Zeitaufwand:	ca. 10 Min.
Versuchsergebnis:	Die Schlotströmung wird durch Thermik ausgelöst. Der wegen seiner Wärme spezifisch leichtere Inhalt des Erlenmeyerkolbens steigt auf, quetscht sich unter die Wasseroberfläche und breitet sich aus. In der Atmosphäre führt eine intensive vertikale Luftbewegung bei genügender Ausgangsfeuchte rasch zur Kondensation und zur Quellwolkenbildung, die sich bei fortgesetztem Aufstieg an der Tropopause zur typischen Amboßform einer Cumulonimbus- oder Gewitterwolke entwickelt.
Bes. Hinweise:	Quellwolkenbildung in ähnlicher Weise bei Atombombenversuchen oder über intensiven Brandherden

Literatur

Bäuml-Roßnagel, M.-A.: Das Experiment im Sachunterricht der Grundschule, in: Sachunterricht und Mathematik 1981.

Barth, L. u.a.: Methodik Geographieunterricht, Berlin (Ost) 1976.

Bibik, A.J. u.a.: Geographieunterricht - Grundlagen und Methoden (Übersetzung aus dem Russischen), Berlin (Ost) 1971.

Bicsán, P.B., Wurdinger, M.: Verdichtung von Ackerböden - im Experiment sichtbar gemacht, in: Praxis Geographie, H. 11, 1987.

Birkenhauer, J.: Erdkunde, Düsseldorf 1971.

Bonsall, Y.: Das Wetter, Reihe: Was ist was?, Bd. 7, 1962.

Brucker, A. (Hrsg.): Medien im Geographieunterricht, Düsseldorf 1986.

Brückner, H., Gaida, R.: Erosion und Deflation im Experiment, in: Praxis Geographie, H. 11, 1987.

Eibl, V.: Mehr Spaß beim Experimentieren, Bd. 1, München - Wien 1973.

Ernst, Chr., Ernst, U.: Die Farben des Himmels. Optische Erscheinungen in der Atmosphäre, in: Geographie heute, H. 118 (1994), S. 10-13.

Farndon, J.: Spannende Projekte und Versuche rund um die Erde, München 1993.

Fischer, P.: Das fließende Wasser als eine die Erdoberfläche gestaltende Kraft, in: Geographie im Unterricht, H. 4, 1979.

Geibert, H.: Didaktische Grundkategorien zur Behandlung von Naturkatastrophen im lernzielorientierten sozialgeographisch konzipierten Erdkundeunterricht der Sekundarstufe I, in: Geographie im Unterricht, H. 6, 1980.

Geiger, K.: Einfache naturwissenschaftliche Experimente zum Weltkunde-Unterricht des 5. Schuljahres, in: Geographie im Unterricht, H. 7, 1980.

Glas, H.: Insolation, in: Praxis Geographie, H. 1, 1983.

Goldstein - Jackson: Experimente - spielend leicht, Freiburg 1978.

Hann, J.: Das große Buch der Experimente, Freiburg 1981.

Hann, J.: Spannende Projekte und Versuche aus Wissenschaft und Technik, München 1992.

Hassenpflug, W.: Saurer Regen. Neue Experimente zu einem neuen Thema, in: Praxis Geographie, H. 1, 1983.

Haubrich, H. u.a.: Konkrete Didaktik der Geographie, Braunschweig 1977.

Haubrich, H. u.a.: Didaktik der Geographie - konkret, München 1988.

Heimlich, W.: Warum weht eigentlich der Wind?, in: Ehrenwirth Grundschulmagazin, H. 2, 1981.

Hundt, R.: Beobachtungen, Untersuchungen und Experimente zur Behandlung der Landeskultur und des Umweltschutzes, in: Biologie in der Schule 26, 1977.

Jäger, H.: Wir prüfen den Boden. Anschauliche Bodenkunde in Klasse 7 (Realschule), in: Geographie im Unterricht, H. 10, 1977.

Jung, G., Gebhardt, H.: Landwirtschaftliche Nutzung in Abhängigkeit vom Boden, in: Geographie im Unterricht, H. 3, 1978.

Jung, G.: Bodenversalzung in ariden Gebieten als Folge von Bewässerungsmaßnahmen. Eine bodenkundlich-ökologische Unterrichtseinheit für das 9./10. Schuljahr, in: Geographie im Unterricht, H. 4, 1979.

Kaminske, V.: Bodeneigenschaften und ihre Veränderung durch Umwelteinflüsse, in: Praxis Geographie, H. 4, 1979.

Köck, H. (Hrsg.): Handbuch des Geographieunterrichts, Band 1, Köln 1986.

Konopka, H.-P.: Die experimentelle Erarbeitung physisch-geographischer Grundlagen im Erdkundeunterricht. Beispiel: Die Tätigkeit des fließenden Wassers, in: Geographie im Unterricht, H. 8, 1977.

Kortmann-Niemitz, I.: Einfache Experimente für den Erdkundeunterricht, Stuttgart 1988.

Kortmann-Niemitz, I.: Einfache Experimente zur Umwelterziehung im Erdkundeunterricht, Stuttgart 1990.

Kreuzer, G. (Hrsg.): Didaktik des Geographieunterrichts, Hannover 1980.

Lehmann, O.: Das Experiment im Geographieunterricht, Berlin (Ost) 1964.

Martus, R., Sauerwein, F.: Experimente zur Klimageographie, in: Praxis Geographie, H. 4, 1979.

Müller, H.: Die Luft - ein gasförmiger Körper, in: Ehrenwirth Grundschulmagazin, H. 11, 1978.

Milan, W.: Besser verstehen - durch Hören und Sehen, Wien 1977.

Niemz, G.: Das erdkundliche Experiment im lernzielorientierten Geographieunterricht - eine bisher ungenutzte Chance. Sonderdruck aus: Frankfurter Beiträge zur Didaktik der Geographie, Bd. 2, Hrsg. Karl E. Fick, Frankfurt 1978.

Niemz, G. (Moderator): Experimenteinsatz im Geographieunterricht, in: Praxis Geographie, H. 4, 1979.

Niemz, G. (Moderator): Experimente und Messungen. Ihre Bedeutung für die Umweltproblematik, in: Praxis Geographie, H. 1, 1983.

Niemz, G. (Moderator): Experimente II, in: Praxis Geographie, H. 1, 1983.

Niemz, G., Seibert, G.: Bodenzerstörung und Bodenerhaltung. Geographische Unterrichtseinheit mit regionalen Beispielen aus den USA, der UdSSR und Mitteleuropa für die Klassen 7-8. RCFP-Unterrichtseinheit, Stuttgart 1981.

Nolzen, H.: Hydrologische Experimente und Experimentfilme im Geographieunterricht, in: Praxis Geographie, H. 4, 1979.

Philipp, E.: Experimente zur Untersuchung der Umwelt, 2. Aufl., München 1978.

Press, H.-J.: Spiel - das Wissen schafft, Ravensburg 1967.

Richter, W.: Geographische Experimente zur Umwelterziehung mit Aspekten der Fächer Chemie und Physik, Köln 1983.

Salzmann, W., Brosowski, G.: Geographischer Experimentalunterricht, in: Geographie im Unterricht, H. 10, 1979.

Salzmann, W., Brosowski, G.: Physikalische Experimente im Geographieunterricht, in: Beiheft Geographische Rundschau, H. 5, 1977.

Salzmann, W., Brosowski, G.: Demonstrationsexperimente zur Bodenversalzung in ariden Gebieten, in: Praxis Geographie, H. 4, 1979.

Salzmann, W.: Experimente im Geographieunterricht, Duisburger Geographische Arbeiten, Köln 1981.

Sgries, W.: Wetterkundlicher Unterricht im 2.-4. Schuljahr, in: Geographische Rundschau, Beiheft 1, 1974.

Sperber, H.: Erdkunde-Didaktik-Methodik. Didaktisch-methodisches Taschenlexikon des Erdkundeunterrichts, Regensburg 1973.

Schmidt, A.: Der Erdkundeunterricht, Bad Heilbrunn 1976.

Schmidtke, K.-D.: Geographische Modelle im Sandkasten oder der Wiederbelebungsversuch eines traditionellen Arbeitsmittels, in: Geographie im Unterricht, H. 9, 1977.

Schmidtke, K.-D.: Warum der Kohlkopf die Arktis liebt, in: Geographie im Unterricht, H. 12, 1981.

Schmidtke, K.-D.: Drei Hilfsmittel - ein Experiment, in: Geographie im Unterricht, H. 7, 1982.

Schmidtke, K.-D.: Formerzeugung durch Wasser im "Meer ohne Wasser", in: Geographie im Unterricht, H. 7, 1984.

Schmidtke, K.-D.: Steigungsregen im Flachland?, in: Geographie heute, H. 6, 1985.

Schneider, B.: Das Wetter - die Wetterexperimente, in: Ehrenwirth Grundschulmagazin, H. 3, 1981.

Schweser, O.: Der Einsatz naturwissenschaftlicher Experimente im Erdkundeunterricht. Ein Beispiel für die Jahrgangsstufe 5, in: Geographie im Unterricht, H. 9, 1976.

Stein, Chr.: Sedimentationsexperimente im Erdkundeunterricht, in: Praxis Geographie, H. 4, 1979.

Theißen, U. (Hrsg.): Experimente, in: Geographie heute, H. 43, 1986.

Wagner, R.: Wasser wird zu Dampf - Dampf wird zu Wasser, in: Ehrenwirth Grundschulmagazin, H. 11, 1981.

Wocke, M.F.: Heimatkunde und Erdkunde, Hannover 1962.